いま語り継ぐ、
働く人の健康を守る
取組み

日本の労働衛生の変遷

（オンデマンド版）

藤 博俊 著

中央労働災害防止協会

まえがき

労働安全衛生法が施行されて五十年を迎えます。私は、その六年前の一九六六(昭和四一)年四月に旧労働省に入省しました。それから三十三年間、労働省でおもに労働災害防止に関する仕事をしてきました。労働省を退官したあとも今日に至るまで同じような分野の仕事をしています。

さて、私が労働省に入省したころの労働災害による死亡者数は、ピーク時から少々の減少傾向は示していたものの毎年六千人以上の尊い命が失われていたし、休業八日以上(統計上、一九七二(昭和四七)年までは休業八日以上)を要する労働災害は四十万人を超え、業務上疾病も三万人を超えていました。このことは大きな社会問題であり、その防止対策は急務であり、社会の要請でもありました。

この行政を担当していた当時の労働省の上司・先輩の活気に満ちた労働災害防止に対する取組み、さらには後進の指導はすごいもの(ずいぶんしぼられました)があったと記憶しています。なかでも「労働災害防止のためには、これから次々と新しい観点に立った施策を取り入れなければならないが、その際に過去の教訓を生かすことが必須である。過去の業績を考えないで、ただ、新しいことをやろうとしてもそれは砂上の楼閣にすぎない」といわれたことは、いまなお、鮮明に記憶しています。一九七二（昭和四七）年に成立した労働安全衛生法は、そのような過去の教訓をベースに一九四八（昭和二三）年の労働基準法の施行以来の社会経済の変化に対応するための規制を加えられたものです。

さて、冒頭に述べましたように労働安全衛生法の施行から五十年になります。この五十年の間にわが国は社会・経済の状況は著しく変化しました。特に、本格的な少子高齢化社会を迎え、どこの職場でも高年齢労働者や外国人労働者が作業に従事していることが普通のこととなりつつあります。また、労働安全衛生法による法規制においても、自律的な化学物質管理へと大きく舵が切られようとしていますし、先般の建設アスベスト訴訟に関する最高裁判決にみられるように、従来は労働安全衛生法の適用の外におかれていた一人親方の安全衛生対策までもカバーすべきという機運になってくるなど、大きな転換期を迎えています。

本書は、その大部分を十五年ほど前に（公社）日本保安用品協会の会報である『セイフティダイジェスト』誌に十二回にわたって掲載していただいたものをベースに全面的に見直し、その後の事情について新しく書き加えたもので、過去から現代までに取られてきた

「働く人々の健康を守る取組み」のあらましを紹介したものです。労働安全衛生法施行五十年を迎え、わが国の労働災害防止対策が大きな転換期となっているなか、官民を問わず労働災害防止対策を検討されるにあたって、過去の取組みを昔話としないで、先人の努力と実績を踏まえつつ進めていただけたら幸いです。

二〇二二年七月

後藤　博俊

目次

まえがき・3

序　章　労働衛生とは……13
1　私と労働衛生との関わり・13
2　労働衛生とは・16
3　現代の労働衛生の考え方・18

第一章　労働衛生問題以前の労働と健康問題……21

第二章　労働衛生問題の惹起とその対応
—明治時代から一九四五年（第二次世界大戦の終戦）まで—……25
1　「女工哀史」に象徴される悲劇（肺結核）・25
2　「工場法」の制定・27
3　「産業福利協会」の設立・27
4　「倉敷労働科学研究所」の設立・28
5　「全国安全週間」、「産業安全衛生展覧会」及び「全国産業安全大会」の開催・29
6　法令の整備・30

7　戦争に伴う労働者保護対策の一時停止・32

第三章　戦後の混乱と復興の兆しの時代―昭和二十年代―……33

1　行政体制の整備・36
2　法令の整備・38
3　珪肺対策・41
4　労働衛生保護具の規格制定・42
5　衛生管理者制度の創設・43
6　全国労働衛生週間の誕生・44
7　衛生管理特別指導事業場制度の創設・45
8　一一七八号通達（労働衛生の古典）・46
9　民間企業での対応・48

第四章　高度経済成長の幕開け……51

1　行政の対応・57
2　珪肺対策の充実・65
3　特殊健康診断指導指針の公表―一九五六（昭和三一）年―・70
4　労働環境測定指針の公表―一九五八・五九（昭和三三・三四）年―・71
5　電離放射線障害防止規則の制定―一九五九（昭和三四）年―・72
6　有機溶剤中毒予防規則の制定―一九六〇（昭和三五）年―・73

7 四アルキル鉛等危害防止規則―一九五八（昭和三三）年―・79
8 高気圧障害防止規則の制定―一九六一（昭和三六）年―・81
9 局所排気装置の設計基準の開発―一九五七（昭和三二）年―
『労働環境の改善とその技術』の発行・83
10 三井三池炭鉱の炭塵爆発―一九六三（昭和三八）年―と炭鉱災害による
一酸化炭素中毒に関する特別措置法の制定―一九六八（昭和四三）年―・84
11 災害防止団体の設立・87
12 民間労働衛生団体の動き・88
13 日本労働衛生工学会の設立―一九六一（昭和三六）年―・91

第五章 高度成長から安定成長へ―昭和四十年代―……………………93
1 新しい職業性疾病の出現・98
2 行政の対応・109
3 健康診断の質向上のために・115

第六章 酸素欠乏症対策と有害化学物質規制―昭和四十年代後半―……………117
1 酸素欠乏症防止対策・117
2 有害業務の範囲の明確化
―労働基準法施行規則第十八条の解釈―一九六八（昭和四三）年・125
3 有害化学物質規制・127

4　地下街の実態調査―一九七二（昭和四七）年―・135
5　ベンジジン、β-ナフチルアミンなどによる膀胱がん予防対策
―一九七〇（昭和四五）年―・135
6　労働安全衛生法制定前のその他の動き・137

第七章　労働安全衛生法制定前後……139
1　労働安全衛生法の制定―一九七二（昭和四七）年―・140
2　安全衛生教育の充実・154
3　労働衛生コンサルタント制度の発足―一九七三（昭和四八）年―・156
4　安全衛生分野の国際交流・158

第八章　社会問題化した職業病……162
1　次から次へと社会問題化した労働衛生問題・164
2　ゼロ災運動スタート―一九七三（昭和四八）年―・177
3　労働衛生研究・教育機関の充実・179
4　労働衛生関係のＩＬＯ条約の採択・182

第九章　法令の充実……184
1　労働安全衛生法の適用範囲の拡大―一九七五（昭和五十）年以降―・184
2　作業環境測定法の制定―一九七五（昭和五十）年―・186
3　特定化学物質等障害予防規則の大改正―一九七五（昭和五十）年―・194

4　化学物質有害性調査制度の発足―一九七七（昭和五二）年―・198
5　じん肺法の大改正―一九七七（昭和五二）年―・203
6　粉じん障害防止規則の施行―一九七九（昭和五四）年―・205

第十章　施設の充実……207

1　有機溶剤中毒予防規則の大改正―一九七八（昭和五三）年―・207
2　労働省労働基準局に環境改善室の設置―一九七七（昭和五二）年―・210
3　労働省労働基準局に化学物質調査課の設置―一九七九（昭和五四）年―・213
4　日本バイオアッセイ研究センターの設置―一九八二（昭和五七）年開所―・218
5　顕在化した振動障害の問題・220
6　中小企業対策の充実・222
7　VDT作業における労働衛生管理のための指針―一九八五（昭和六十）年―・223

第十一章　健康確保・作業環境管理の充実……226

1　労働安全衛生法における一般健康診断項目の推移・227
2　シルバー・ヘルス・プラン（SHP）の誕生―一九七九（昭和五四）年―・231
3　トータル・ヘルスプロモーション・プラン（THP）―一九八八（昭和六三）年―・233
4　生物学的モニタリングの労働衛生管理への導入―一九八九（平成元）年―・237
5　作業環境測定結果の評価と作業環境改善・241

第十二章　リスクアセスメントの実施とリスク低減対策……247
1　社会構造、就業構造の変化と労働衛生・248
2　快適職場づくり―一九九二（平成四）年―・253
3　職場における喫煙対策・256
4　労働衛生管理体制の整備・労働者の健康管理の充実―一九九六（平成八）年―・258
5　労働安全衛生マネジメントシステム・259
6　事業場におけるメンタルヘルス対策―二〇〇〇（平成十二）年八月―・262
7　化学物質管理・264
8　第十次労働災害防止計画・268
9　続発した大企業での大災害―二〇〇三（平成十五）年―・269
10　二〇〇五（平成十七）年の労働安全衛生法の大改正・271
11　石綿障害予防規則の制定―二〇〇五（平成十七）年―・275
12　東日本大震災―二〇一一（平成二三）年三月十一日―・276
13　第十一次～第十二次労働災害防止計画・278
14　多様な発散防止抑制措置の導入―二〇一四（平成二六）年―・280
15　二〇一六（平成二八）年の労働安全衛生法の改正・280

終　章　新しい時代の労働安全衛生管理―自律的な管理の推進―……283
1　第十三次労働災害防止計画―二〇一八（平成三十）年度～二〇二二（令和四）年度―・285

2　働き方改革関連法による労働者の健康管理の充実・287
3　作業環境測定基準に「個人サンプリング方式」の導入
　　―二〇二〇（令和二）年一月―・289
4　エイジフレンドリーガイドライン―二〇二〇（令和二）年三月―・291
5　建設アスベスト訴訟に関する最高裁判決―二〇二一（令和三）年五月―・294
6　職場における化学物質等の管理のあり方に関する検討会の報告書
　　―二〇二一（令和三）年七月―・296
7　民間の活動・299
8　労働組合の活動・300
おわりに（謝辞）・304
参考文献等・306

序章　労働衛生とは

1　私と労働衛生との関わり

古い鉄道ファンの中にはご記憶の方もあるかもしれないが、前の東京オリンピックの翌年の一九六五（昭和四〇）年十月一日に当時の国鉄（現・JR）始まって以来の大きなダイヤ改正が行われた。私は、まさしくその前夜の九月三〇日に夜行列車に乗って名古屋から慣れない東京へ行き、中央官庁の面接試験を受けようとしていた。

若い方には想像も付かないかもしれないが、当時、列車の座席指定を取るには、駅に出向き、指定券申込書に希望列車名を記入して駅員さんに渡す。すると駅員さんが電話で座席を集中管理している大きな駅に連絡を取り発売してくれる、という手続きが必要であった。私は出発の数日前に近くの駅にその指定券を求めにいったところ、数日後に迫ったダイヤ大改正の影響もあって駅員さんの電話連絡に時間がかかっているようで大混雑。やっと順番がまわって来たと思えば、「当日の長距離夜行列車は、どこかで時間調整をして翌日のダイヤ改正に合わせるため、名古屋駅の正確な発車時刻は分からない」との返事である。

とはいうものの、当時は、名古屋から東京に行く別の手段はなく、本命の○○省の面接が十月一日の午後に待ち受けている。何としてでもそれに間に合う切符を手に入れなくてはならない。やっとのこと、私は、ダイヤ上では東京駅に一番早く（早朝）着く夜行列車の切符を手に入れることができた。

初めて乗る寝台列車。確か、三段ベッドの上段であった。乗車前のアナウンスでは「明日は、ダイヤ改正の初日に当たるため、この列車の終点東京駅到着には相当の遅れが出るかもしれない」とのことであったが、幸いにそれほどの混乱もなく順調に東京に向かい、小田原を過ぎたあたりで車掌さんがベッドをたたみ座席にしだした。その辺りで起床して洗面所に行き、申し訳程度に顔に水を付けてハンカチで拭いて洗面したことにした（髭は前夜家を出る前に剃っていた）。洗面所から帰ると私の寝ていたベットは、すでに片側三人がけの座席とされていた。

これより先、九月中旬に国家公務員上級試験の合格発表があって以来、幾つかの省・庁から面接試験の通知をもらっていた。これから慣れない東京へ行き、一度も見たことのない中央官庁を訪れて、その面接試験を受けようとしていたのである。緊張するなというのが無理というもの。当然のことながら本命の○○省の受験案内を取り出した。そのとき、多分、中段に寝ていただろう学生風の男が関西弁で声をかけて来た。

「面接試験でっか？」

相手は私と同年くらいの若者である。「はい。そうですが…。」

私の見ていた○○省の案内書を見て「本命は○○省でっか。私は、明日△△省ですぅ。ところで時間ありますな。午前中どこか行きましょうや。」

「そうだね。どこか近くにしますか。」

二人が共通して持っていた面接通知は、当時、大手町にあった労働省を除いていずれも霞が関であった。東京の地理に不案内な二人にとって、地図を見たところ霞が関より大手町の方が近そうである。幸いにして労働省の面接試験は日時が指定されていなかった。かくの如くして、二人揃って十月一日午前中は東京駅から徒歩で行ける労働省の面接試験に臨む予定がたった。このときの私はこの選択が私の一生の仕事、ひいては人生を決めることになろうとは露ほども思わなかった。そうこうするうちに、列車は、無事、十月一日早朝の東京駅に到着。まずはそれに、ただほっと胸をなでおろすばかりであった。

このあと、労働省の面接試験において、試験官の一人から私が労働省に入省することを決意するに至った決定的なことを言われ、何がなんだか分からない間（面接試験の直後）に入省の誓約書なるものを書き、翌年、一九六六（昭和四一）年四月一日、晴れて（?）労働省の一員となった次第である。

さて、私は、労働省に勤務した三十三年間（私の年代では勇退と称して五十代半ばに退官するのがエチケットだった）のうちの大半を労働衛生に関わることとなったわけだが、私が、実際に見・聴き・経験したのは労働省に入省した一九六六（昭和四一）年以降のことである。本書の主題であるわが国の「働く人の健康を守る取り組み」を年代を追って紹介するにあたっては、一九六六（昭和四一）年以降というわけにはいかない。それ以前のものについては上司や先輩からご指導いただいてきたこと、私自身が仕事の上で調べてきたこと、及び諸先輩の貴重な文献から紹介することとしたい。

2 労働衛生とは

「労働衛生」というときには、まず、ＩＬＯ（国際労働機関）／ＷＨＯ（世界保健機関）の「労働衛生の目的」があげられる。ＩＬＯ／ＷＨＯ合同委員会は、一九五〇年に「労働衛生の目的」を「人間に対し仕事を適応させること、各人をして各自の仕事に対して適応するようにすること」と定義し、そのために、①あらゆる職業に従事する人々の肉体的、精神的及び社会的福祉を最高度に増進し、かつ、これを維持させること、②作業条件にもとづく疾病を防止すること、③健康に不利な諸条件から雇用労働者を保護すること、④作業者の生理的、心理的特性に適応する作業環境にその作業者を配置すること、としている。

さらに同合同委員会は、一九九五年に上記の事項に、①労働者の健康と労働能力の維持増進、②安全と健康のための作業環境と作業の改善、③作業中の健康と安全を支援、の三つを加え、積極的な社会的風土（企業風土）と円滑な運営を促進して、企業の生産性を高めることになるような作業組織と労働文化の発展を図ること、としている。

一方、今は絶版となっている『新版　労働衛生用語辞典』（労働省労働衛生課編）の「労働衛生」の項には、「職場から衛生上の悪条件を排除して労働者の健康を保持すること。――（中略）――わが国では明治二〇年代に、はじめて労働衛生問題が公に取り上げられた。その頃日本の工業の主なものは紡績と製糸であり、これに従事した労働者は年少女子工員が圧倒的に多かったために、問題も当然これらを対象として取り上げられた。この当時紡績女子工員の肺結核は非常に多く、病気に罹って働けなくなったものは解雇されて農村に帰り、そこで周囲の人に感染させたため、日本全体の結核を増加させる結果を招いた。それ以降、工場法等が制定され、労働衛生問題も法的に次第に整備されつつ、一九四七（昭和二二）年の労働基準法の制定によって一応労働衛生の最低基準が定められるところまで達したが、――――（以下略）。」旨の記述がある。

この『労働衛生用語辞典』では、最初の「職場から衛生上の悪条件を排除して労働者の健康を保持すること」までが「労働衛生」の定義で、その後の記述は労働衛生の解説と解されるが、これらの「労働衛生」の定義をふまえ、労働者の健康障害の発生とその防止対策、さらには、健康の保持増進・快適職場の形成へと進んだわが国の労働衛生の変遷を辿ってみることとしたい。

3 現代の労働衛生の考え方

働く人の健康に関すること*、すなわち「労働衛生管理」の考え方は、時代とともに大きく変化してきたが、現代では、企業の中で労働者の健康を守る活動、労働衛生には三つの管理があり、一般に「労働衛生の三管理」といわれている。

その「労働衛生の三管理」とは、「作業環境管理」、「作業管理」及び「健康管理」の三つの管理を指す。これは労働衛生管理の基本となるもので、それぞれ、次のような管理をいう。

＊古い時代には、企業が労働者の健康を守るというより、貴重な労働力を有効に使うための方策という意識が強かったかもしれないので、ここでは、あえて「働く人の健康に関すること」としておくが、どの時代でも企業としての労働者の健康問題、すなわち「労働衛生管理」は重要な課題であっただろう。

労働衛生とは：安全＝仕事中のケガの予防
→ **健康で働くため**

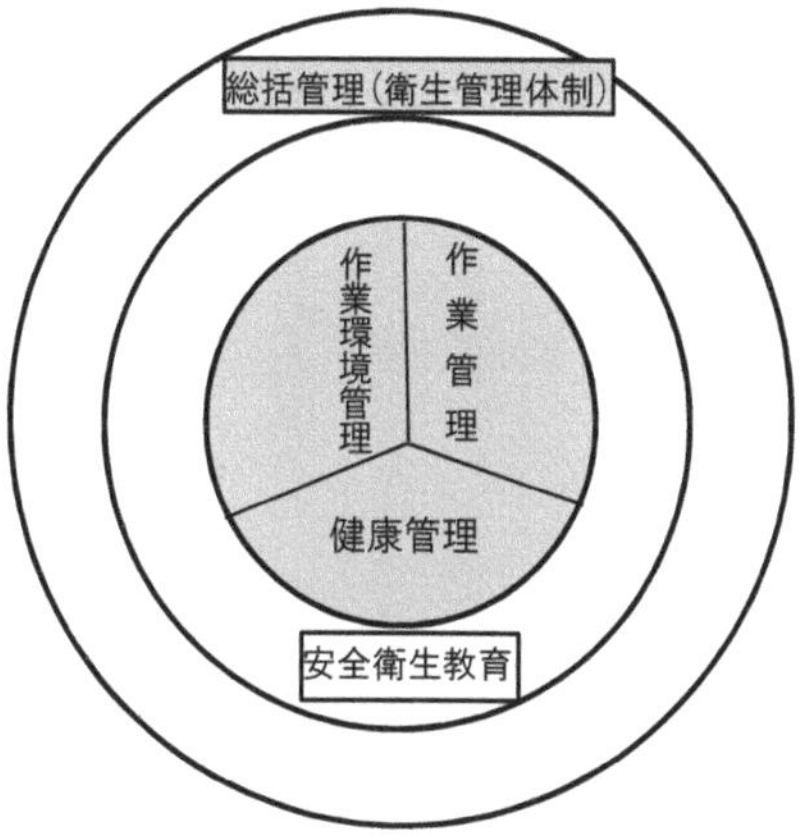

(1) 労働衛生の三管理：作業環境管理
　作業管理、健康管理
(2) この三管理を適切に推進するためには
　「総括管理」と「衛生教育」が必要

図１　労働衛生の三管理

①　「作業環境管理」とは、作業環境中の有害因子の状態を把握して、施設・機械・設備等をできるかぎり良好な状態で管理していくこと。

②　「作業管理」とは、環境を汚染させないような作業方法や、有害要因のばく露や作業負荷を軽減するような作業方法を定めて、それが適切に実施させるように管理することで、改善が行われるまでの間の一時的な措置として保護具を使用することなども含まれる。

③　「健康管理」とは、労働者個々人の健康の状態を健康診断により直接チェックし、健康の異常を早期に発見し

たり、その進行や増悪を防止したり、さらには、元の健康状態に回復するための医学的及び労務管理的な措置をすることである。最近では、労働者の高齢化に伴って健康を保持増進して労働適応能力を向上することまでを含めた健康管理も要求されるようになってきている。

なお、労働衛生管理の中で労働衛生三管理はその中核をなすものであるが、総合的に労働衛生対策を効果的に進めるためには、産業医や衛生管理者等の労働衛生専門スタッフが有機的に結びついて連携をとっていくとともに、安全管理さらには生産管理と一体となって行われる必要があり、そのために総括管理が必要となる。また、作業者が労働衛生管理体制や労働衛生三管理についての正しい理解をすることも大切であり、この理解を深めることを目的として労働衛生教育が行われることとなる。労働衛生の三管理に「総括管理」と「労働衛生教育」を加えて「五管理」とすることもある。

第一章　労働衛生問題以前の労働と健康問題

序章の2に述べた『新版 労働衛生用語辞典』の記述のとおり、わが国における労働衛生問題が公に取り上げられたのは明治二〇年代ということになっているが、労働とそれに伴う健康障害の歴史は古い。

このあたりの事情に詳しい『労働と健康の歴史 1』（三浦豊彦著（元㈶労働科学研究所副所長）大原記念労働科学研究所 一九八一年）は「既に奈良時代に大仏の鍍金を行う際に多くの水銀中毒が発生していたはずである」としている。この時代の鍍金は、鋳肌を平滑に磨いた後、青酸または石榴の酸できれいに拭き、その面をアマルガム（金一：水銀五～六）をしみ込ませた硬い布切れなどで擦りつける。すると鋳物の表面はアマルガムが塗布されたことにより一面に白色となる。この白い面を三百五十℃くらいの温度で焼いて水銀をとばすと表面は黄金色となる。この操作を最低三回程度繰り返して鍍金作業は完了するという。奈良の大仏の黄金鍍金もこの方法により行われたと考えられている。

この鍍金の過程では大量の水銀を使用し、かつ、それを高温で焼いて飛ばしたことは、作業者が高濃度の水銀蒸気に晒されていたことは明らかであり、作業者の水銀中毒が発生しなかったとは考えられないというものである。

また、同書は、奈良時代には官設の写経所が設置され、そこで働く、いわゆる「写経生」について「長時間の座業による足病、胸病（気分不快、結核性疾患も考えられる）、運動不足による痢病、過度の仕事と栄養不足による衰弱などいろいろな疾病、すなわち職業病といえるものに罹患するものが多かった」と紹介している。

その後も労働と健康問題に関する記載は数多くあるが、特筆すべきものは、一八世紀の佐渡鉱夫の労働と健康についての記述である。『佐渡四民風俗＊』に収録されている金掘歌は「坑内作業は粉じんが発（た）って肋（あばら）（肺）に毒だ、早く死んで寺に行く、大工（鉱夫）すればやせ細って通常二重の腰の帯が三重にもまわる」旨歌っているという。当時の佐渡金山は隆盛を極めていたと考えられるが、一方において、そこで働く鉱夫に深刻な職業病を発生させていたことが伺える。

一九世紀になると、さらに多くの文献が見られる。大葛金山の烟（えん）毒、生野銀山の煙毒死などの詳しい記録が残されている。この時代には、坑内で煙や粉じんを大量に吸った鉱夫が坑内から出てから鼻をかむと真っ黒なものが出たし、

＊『佐渡四民風俗』　1756（宝暦6）年に、佐渡奉行所の役人であった高田備寛が、命により書き上げた佐渡の民俗誌。

痰も黒いため、鉱山での呼吸器系病気の最大の原因を「煙」と考え、それを「烟毒」とか「烟食」と言っていたようである。

また、生野銀山では、特に詳細な記録が残されている。それによれば「文政二（一八一九）年から文政五（一八二二）年の三年半の間に百十七人が煙毒で死亡し、他に二十六人の患者があった」と記録されており、これらの患者もやがて死亡したことと考えられるし、新しい患者も次から次へと発生していたことは想像される。煙毒に罹る恐れのある労働者（鉱夫）の数は一八四〇年代に八百四十人と記録されている。文政二（一八一九）年から文政五（一八二二）年の鉱夫の数は定かでないが、この三年間の死亡者数が百十七人であることは、死亡率として極めて高い数字であったことを示している。

鉱夫の病気は、長い間、「煙が原因」と考えられてきたが、時代が新しくなるにつれて「煙」のみならず「鉱物の粉、すなわち『粉じん』も同様に有害」との認識が徐々に一般化してきた。

水銀中毒に関しては、すでに「奈良時代の大仏建立時の鍍金作業中に発生していたはずである」と述べたところである。その後、水銀は、「軽粉（けいふん）」と言われて化粧品や医薬品として広く利用されていた。水銀鉱山からこの軽粉を製造する過程において多くの水銀中毒者が発生したことも報告されている。

江戸時代には、この他にもいろいろな職業病に関する文献が多く残されているが、金・銀・銅などの鉱山に関するものがほとんどのため、他は割愛させていただくこととする。

第二章　労働衛生問題の惹起とその対応
―明治時代から一九四五年（第二次世界大戦の終戦）まで―

さて、序章で述べた「労働衛生」の定義から見た労働衛生問題が最初に提起されたのは、『新版　労働衛生用語辞典』に述べられているように明治二〇年代ということになろう。これより第二次世界大戦の終戦までを「労働衛生の黎明期」と捉えて紹介することとしたい。

１　「女工哀史」に象徴される悲劇（肺結核）

欧米先進国より一世紀以上も遅れて近代化の道を歩き始めた明治政府は、開国以来、欧米列強に追いつくことを第一の目的とし、近代化の原動力として軽工業、特に繊維産業の育成に力を注いだ。この繊維産業の発展は、全国から集められた女子労働者の勤勉な労働力に負うところが大きかった。近代日本の工業化の担い手であった彼女たちは、工場に付属する寄宿舎に寝起きし、長時間の労働を強いられることが多かったために、健康を害して病に倒れる者が多く、『女工哀史』（細井和喜蔵著　一九二五（大正十四）年）に象徴される悲劇が繰り返された。

もう三十年以上前になろうか、映画『ああ野麦峠』（監督　山本薩夫、主演　大竹しのぶ　一九七九（昭和五四）年制作）を観られた方もおありと思う。この映画のもととなったのは、一九六八（昭和四三）年に朝日新聞社から出版された山本茂美氏の同名のルポルタージュである。製糸工場の女工だった明治生まれのお年寄り達に、同氏が聞き取り調査をして本にまとめたものといわれている。故郷を目前に野麦峠で死んだ若き製糸工女政井みねをはじめ、富国強兵政策に押しつぶされていった無数の女性たちの哀しい青春が描かれており、その姿に涙された方も多いと思う。これらの作品から当時の劣悪な労働条件と労働衛生の状況を垣間見ることが出来る。

それらから明らかなように、当時の労働衛生の最も大きな問題は、不衛生な寄宿舎生活と過重な労働に起因する肺結核であったことが分かる。職場での感染により肺結核に罹った女子労働者たちは、病が進んで働けなくなると故郷の実家に帰されるのが普通であったため、肺結核に罹患した彼女たちを通して、さらに肺結核が農村にまで蔓延することとなった。この肺結核は明治・大正時代を通して増え続け、昭和に入ってからはさらに猛威を振るい、第二次世界大戦前の日本の国民病であった。

2 「工場法」の制定

このような悲惨な状況に対して、人道上からの批判も聞かれるようになり、一部に労働者保護のための法律の制定を求める声も上がりはじめたものの、資本家の「産業発展が阻害される」との反対により、これらの声は抹殺されてきた。そして最初に労働者保護の法律制定の提案がなされてから三十年経った一九一一（明治四四）年になって、ようやく日本ではじめての労働者保護法である「工場法」が制定され、五年後の一九一六（大正五）年から施行された。しかし、この時代の施策は、現代の労働衛生対策とは程遠いものであったといえる。

3 「産業福利協会」の設立

このような中で、わが国の安全衛生運動の先覚者というべき人々が現れ、それらの人々の献身的な努力によって、労働者の安全と健康の確保の重要性に対する認識が徐々に社会の中に根付きはじめていった。

安全衛生運動の先覚者として、真っ先に名前が挙げられるのは、蒲生俊文氏と三村起一氏であろう。一九一四（大正三）年、東京電気（現在の東芝）の庶務課長であった蒲生俊文氏は、社内で発生した従業員の感電災害の悲惨さに大きなショックを受け、それ以来、安全活動に没頭したといわれている。その後、一九二四（大正十三）年に安全衛生運動に生涯を捧げることを決意して東京電気の職を辞し、内務省社会局（当時安全衛生行政を担当していた役所）嘱託となり、翌一九二五（大正十四）年の「産業福利協会」設立に尽力された。産業福利協会は、わが国で最初の民間安全衛生団体で、現在の中央労働災害防止協会をはじめ災害防止団体の原型とも言えるものである。

一方、一九一七（大正六）年、大阪の住友伸銅所の三村起一氏は、安全衛生管理の進んでいる関東の事業所を見学するため東京電気を訪問し、そこで蒲生俊文氏に会い安全衛生運動の重要性を深く認識され、その後、安全衛生活動に尽力されたという。三村起一氏は、後に住友金属鉱山社長になられた方であり、経営者の立場から企業内外の安全衛生活動を積極的に進められた。なお、三村起一氏は、一九六四（昭和三九）年に設立された中央労働災害防止協会の初代会長に就任された方でもある。

4　「倉敷労働科学研究所」の設立

一九二一（大正十）年、大原美術館の開設や大原社会問題研究所の設立などで知られている倉敷紡績の社長大原孫三郎氏は、自らが経営する工場の女子労働者の健康管理対策の必要性を痛感し、「倉敷労働科学研究所」を設立された。この研究所の初代所長には、労働衛生の分野で有名な暉峻義等氏が就任され、わが国ではじめて労働衛生に関する研究が行われることとなった。

なお、倉敷労働科学研究所は、その設立以来現在に至るまで労働衛生に関する民間の調査研究機関の中心的な存在として大きな実績を残していることは周知のとおりである。現在の（公財）大原記念労働科学研究所（東京都新宿区）の前身である。

5　「全国安全週間」、「産業安全衛生展覧会」及び「全国産業安全大会」の開催

一九二八（昭和三）年七月には、内務省社会局の主唱、産業福利協会の後援により第一回全国安全週間が開催された。なお、当時の「安全」には、第一回全国安全週間の標語（スローガン）に「一致協力して怪我や病気を追拂ひませう」とあるように、「労働衛生」の意味も含んでいたことは当然である。

その二年後の一九三〇（昭和五）年には、第三回全国安全週間に呼応して第一回産業安全衛生展覧会が開催され、約一万四千名もの入場者を得た。

さらに一九三二（昭和七）年には、前述の蒲生俊文氏等先覚者の熱心な呼びかけにより第一回の全国産業安全大会が開催された。

この頃から、大手企業の中には創意工夫により独自の安全衛生管理活動を行うところも現れはじめるなど、民間企業においても安全衛生活動が芽生えてきた。

その後、全国産業安全大会は第二次世界大戦の激化に伴い一時中断したものの、戦後、復活して現在に至っているし、全国安全週間の行事は一度の中断もなく行われてきている。

6　法令の整備

一九一六（大正五）年から施行された工場法に基づく具体的な基準として、一九二七（昭和二）年に「工場附属寄宿舎規則」が制定され、紡績女工の過酷な労働条件の象徴であった寄宿舎の改善が徐々にではあるが進められることとなった。

一九二九（昭和四）年には「工場危害予防及び衛生規則」が制定される等ようやく工場法の肉付けがなされはじめた。さらに、同年、工場法の改正が行われ女子年少者の深夜業が禁止されるなど紡績女工の労働条件改善に係る法令の整備は進んできた。

一方、重工業化が急ピッチで進展する中で有害な化学物質を取り扱う作業場も増加した。

それに伴って、今まで見られなかった新しい職業病が報告されるようになった。

一九二一（大正十）年に「黄燐（おうりん）マッチ製造禁止法」が制定されているし、この時代に黄燐をはじめ砒素（ひそ）、水銀、鉛など重金属による障害は知られていた。また、レーヨン、スフの業界では二硫化炭素による中毒も問題とされるようになってきた。この二硫化炭素の問題は、つい先日まで化学繊維産業における労働衛生問題の重要課題であったことは記憶に新しい。

一九四二（昭和十七）年には、「工場法施行規則」の一部改正がなされ、新たに労働者を雇い入れたときは三十日以内に健康診断を行うこと、その後少なくとも一年に一回健康診断とツベルクリン検査を行うこと、ツベルクリン陽性者にはX線撮影を行うこと等現在の健康診断制度に近い形の制度が設けられた。

行政組織の整備では、一九三八（昭和十三）年には厚生省が設置され、国民の福祉向上、健康確保の問題を所掌することとなった。厚生省の中に社会局が設置され、労働安全衛生問題は従来の内務省から厚生省社会局の所掌するところとなり、行政組織上はより充実が図られた。

7 戦争に伴う労働者保護対策の一時停止

一九三七（昭和十二）年に日中戦争が始まって以来、わが国の社会全体が戦時色を一段と強めて行った。戦争完遂の号令のもと、労使の対立概念を排し「労使一体、産業報国」の実を上げることが提唱され、一九四〇（昭和十五）年には「大日本産業報国会」が設立され、各種の社会運動はこの産業報国会に吸収されることとなった。

一九四三（昭和十八）年に至り、日ごとに第二次世界大戦の敗色が濃厚となっていく情勢の中で「工場法戦時特例法」が施行され、工場法は、その機能が停止されることになり、労働者保護の政策は一時停止の余儀なしに至った。

第三章　戦後の混乱と復興の兆しの時代―昭和二十年代―

　私は、(独)国際協力機構（JICA）が開発途上国からの研修生を招待して行う労働安全衛生関係の集団研修において、「日本の労働災害防止対策の経験」というタイトルの講義を何年も行ったことがある。この講義は、日本の労働安全衛生の歴史を経年的に政府の対応と民間企業の取り組みについて三時間程度で行うものである。私は、その冒頭で「わが国は、一九四五（昭和二十）年の第二次世界大戦の敗戦によって、それまでに築いてきた国際的な地位や経済力のすべてを失った。その後十年程度は深刻な社会の混乱、危機感に見舞われながら官民あげて国の再建と経済の復興のために必死の努力が続けられた」という趣旨のことを述べ、これを起点にわが国の労働安全衛生の歴史を講義してきた。

　戦後から講義を始めるのは、時間的な制限もあってのことではあるが、私の前にこの講義を担当しておられた講師の方々も、ほぼ同時期から講義をされていたようであり、わが国の働く人々の健康を守る取り組み、すなわち労働衛生の歴史を述べる場合には、これが一般的となっているようである（したがって、第一章や第二章で述べた一九四五（昭和二十）年以前の労働衛生対策はおまけで、本章以降が本論と考えていただければ幸いである)。

この時代は、まさに私がわが国の労働安全衛生の歴史を講義する際に冒頭に申し上げることとしている「一九四五（昭和二十）年の第二次世界大戦の敗戦によって、それまでに築いてきた国際的な地位や経済力のすべてを失った。その後十年程度は深刻な社会の混乱、危機感に見舞われながら官民あげて国の再建と経済の復興のために必死の努力が続けられた時代」である。

廃墟の中で終戦を迎えたわが国の国民を待っていたものは、激しいインフレと食糧難であった。多くの社会資本や生産設備が破壊され、経済基盤を失った社会においてインフレは日ごとに悪化し、混乱の中で人々は空腹を抱え生活苦にあえいでいた。東京の街にも数々の闇市（イリーガル・マーケット）が立ち並び、社会は混乱の極みにあった。

講義に使用しているパワーポイントの冒頭には、当時の東京に氾濫していた闇市のスライドを入れたが、それを見せると開発途上国から来ている研修生は「現在の自分たちの国の貧民街より酷い」と感想を漏らし、戦後と現在の東京と比べてその発展の著しさに驚きの表情を浮かべる。

さて、わが国は一九四五（昭和二十）年の終戦によって社会のあらゆる価値観やシステムが従来とは百八十度変わった。その原動力となったのは、同年九月のマッカーサー上陸とともに設置された連合軍総司令部（ＧＨＱ）が、わが国の民主化を達成するため、旧時代の封建的な制度を廃止し、次々と行った民主化のための改革であることは言うまでもない。

なかでも労働者保護に関する基本的な考え方の転換は、社会の民主化の最たるものであった。すなわち、労働者保護は、従来の「使用者の労働者に対する援助」から「使用者の労働者に対する義務」へと大きく変わった。また、労働者からみた安全と健康の確保は、従来の「使用者にお願いして使用者のお情けで得られるもの」から「使用者に要求できる労働者の権利」へと変わったのである。

この考え方は、後で述べる労働基準法など労働者保護法規の基本的な考え方として、この時代の冒頭に次々と制定された法令に取り入れられた。しかし、実際に労働者がこの権利を享受するまでには、今、しばらく時間がかかったことはいうまでもない。

このような中で、わが国政府は重化学工業を優先した経済開発政策を推進して、徐々にではあるがその後の高度経済成長を成しうる基盤が作られていった時代でもあった。

1　行政体制の整備

(1)　労働省、都道府県労働基準局及び労働基準監督署の設置

戦前の労働行政は、内務省社会局から厚生省労働局へと引き継がれていたが、戦後、GHQは社会の民主化のために最も基本となる労働問題を取り扱う労働行政強化のため、「労働行政機関を厚生省から切り離し独立させよ」との強い要請を行った。また、労働基準法、労働組合法など多くの労働関係法令が制定され、それらの法令の施行事務及び新しい社会に適応した労働関係法令制定の要請に応えるための事務、さらには多くの民間企業で労働組合が設立されるなど労働関係行政事務の需要が著しく増大してきた。このような社会の状況に的確に対応するため、政府は一九四七（昭和二二）年七月に労働省設置法を第一回国会に提出した。同法は、八月二八日に可決され、同年九月一日に労働省が設置された。

労働省設置と同時に労働本省に労働基準局、各都道府県に都道府県労働基準局（当時沖縄は米国の統治下にあったため四十六都道府県）及び全国三百三十四カ所に労働基準監督署が設置された（このようにして一九四七（昭和二二）年に厚生省から分離独立して設置された労働省ではあったが、二〇〇一（平成十三）年の行政改革により再び両省は合併し、現在の厚生労働省となっ

た。また、この時設置された「都道府県労働基準局」は、二〇〇〇（平成十二）年にそれまで都道府県の中に置かれていた職業安定行政と統合されて「都道府県労働局」となった）。

(2) 労働省に労働基準局「衛生課」を設置（翌年「労働衛生課」と改称）

労働省設置時、労働衛生行政は、労働省分課規定（昭和二二年労働省令第一号）により労働基準局「衛生課」の所掌するところとなった。なお、労働省分課規定とは、現在でいう厚生労働省組織規則に相当するが、現在では本省の課は組織令（厚生労働省の場合は厚生労働省組織令）に定められることとなっており（政令官職）、厚生労働省組織規則では課中の室のような組織が規定されている（省令官職）。この労働基準局「衛生課」は、設置の翌年、一九四八（昭和二三）年八月十三日に現在の「労働衛生課」と改称された。

私が労働省に入省したのは、この時から遥か後のことであるが、私の入省当時でさえこの時の「衛生課」から「労働衛生課」への改称についての是非は、先輩諸兄の議論の的であったことを記憶している。その議論の一端を思い起こしてみると、一九四八（昭和二三）年当時、独立間もない労働省は意気盛んで何でも「労働」の冠をかぶせることにより、その存在意義を高めんと躍起になっていたようである。「衛生課」から「労働衛生課」と改称したことにより、労働衛生行政は労働者の健康問題にスポットを当てることになり、直接・間接にわが国の労働衛生の発展に寄与したと積極的に評価する人がいた一方で、健康問題については労働者のみに注目するのではなくて国民全般の中で幅広く捉えるべきであるとの見解から、何故、この時、所掌範囲を自ら狭めるような決断がなされたのだろうと疑問を呈する人があったように思う。私は役所を離れてから日が経ったため現在の省庁間の権限調整過程を正確には了知していないが、外部から見ている限りによれば、当時の省庁間の縄張り争い、悪く言えば利権争いは、今とは比較にならない程凄まじいものであったように思う。先に述べた否定派の先輩の声は、新しい仕事を始めようとするときの関係省庁間の調整時に「貴課は『労働衛生課』だろう。これは課の名称の示す『労働』の分野を超えている」といちゃもんを付けられた際の嘆きであったと思う。

2　法令の整備

(1)　労働基準法の制定

労働省の設置より先、一九四七（昭和二二）年四月七日に労働基準法が公布された。同

表1　労働基準法と工場法の比較

	工場法（1912年施行）	改正工場法（1925年施行）	労働基準法（1947年施行）
適用事業場	15人以上又は危険有害工場	10人以上又は危険有害工場	1人以上
最低年齢	12歳	14歳	15歳
女子年少者保護	15歳未満及び女子	16歳未満及び女子	18歳未満及び女子
女子年少者の労働時間	12－14時間	11－12時間	8時間
一般労働者の労働時間	制限なし	制限なし	原則として8時間
安全衛生	命令で定める	工場危害予防及び衛生規則	労働安全衛生規則

月三〇日には同法施行規則が公布された。労働基準法は、労働者保護を使用者の義務と規定し、それまでの工場法に比べ、労働者保護の内容、適用範囲とも大幅に強化、拡大されたもので、労働者保護の水準としては当時の国際水準を満たすものであった。同法の第五章（第四十二条から第五十五条）に安全及び衛生の章をおいており、労働衛生対策も基本的にこの法律に基づいて展開されることとなった。

一九七二（昭和四七）年に労働安全衛生法が制定されるに及んで労働基準法第五章はその四十二条に「労働者の安全及び衛生に関しては、労働安全衛生法の定めるところによる」と改正され、労働安全衛生法にその役目を引き継いだ。

(2) 各種労働省令の公布

労働基準法の公布に続いて同法施行規則が公布され、さらに同年十月には事業附属寄宿舎規程及び労働安全衛生規則が公布され、労働基準法の施行のための一応の法令体系は整った。

事業附属寄宿舎規程の制定は、戦前、女工哀史に代表される過酷な労働条件、特に結核の温床とも見られていた寄宿舎の劣悪な状況を早急に改善しなければならないという意識の表れであったと考えられる。また、労働安全衛生規則は、労働基準法第五章の規定をさらに具体的な内容として規定したものである。

このように労働基準法に基づいた具体的内容を定めた法令は次々と公布されたが、この画期的な法令に対して企業に戸惑いと混乱がしばらくの間続いたのも、当時の社会情勢からやむを得ない点もあったといえる。

3　珪肺対策

珪肺とは、珪酸を含む鉱物性粉じんによる肺の疾患である。現在では「じん肺」として珪酸以外の鉱物性粉じんによる障害も含めて幅広く捉えられている。じん肺（珪肺を含む）は、鉱物性粉じんが肺に沈着して肺の組織に不可逆性（治癒することはない）の変化を生じる疾患で、しばしば肺結核その他の呼吸器疾患を合併することがある恐ろしい職業性疾病である。そして、第一章でも述べたとおり、古くから職業病として捉えられていた。

私の生まれ育った名古屋市瑞穂区には「セラミックス産業労働組合連合会」の本部がある。古くは「全窯連」といわれていた窯業関係労組の全国組織である。私の育った家は、その全窯蓮本部の隣組であった。東京以外には珍しい労組の全国組織が置かれているほど、名古屋市瑞穂区には窯業関係の企業が多くあったようである。その窯業に粉じん作業は付きものである。学生時代、もちろん労働衛生という言葉すら知らなかった時のことであるが、近所に「よろけ」という病気にかかっているといわれていた老人がいたことを覚えている。いつもゼイゼイと苦しそうに呼吸されていたような気がする。

珪肺対策は、戦前及びこの時代には結核と並んで労働衛生の大きな課題であった。戦後間もない一九四六（昭和二一）年六月、古河鉱業足尾鉱業所において開催された「鉱山復興町民大会」において、珪肺予防対策と国家補償を要求する声が上がった。これが全国的な運動となって翌一九四七（昭和二二）年には全日本金属鉱山労働組合連合会が珪肺対策を重要運動目標として掲げ、立法措置を要求する運動を開始した。これに対して使用者側も理解を示し、労使一致して法律の制定を要求するようになった。

政府は、一九四八（昭和二三）年一月に珪肺対策協議会を設置し、具体的な方策の検討を開始した。一九四九（昭和二四）年には珪肺措置要綱を公布して珪肺患者の管理措置基準を定めた。これは後に珪肺特別保護法、じん肺法へと発展していく。

4 労働衛生保護具の規格制定

珪肺の予防対策にあたって、当時は未だ工学的対策が十分に確立されていなかったため、もっぱら労働衛生保護具に頼らざるを得なかった。一九四九（昭和二四）年頃になると、やや国内経済の安定が見られるようになり、保護具の性能確保が重要課題となってきた。そのため同年十一月、労働安全衛生規則に「労働大臣が規格を定めるものについては、その規格に合致したものを労働者に使用させなければならない」旨の規定が追加された。一九五〇（昭和二五）年十二月には労働衛生保護具検定規則及び「防じんマスクの規格」が公布され、本格的に労働衛生保護具の規格・検定制度が動き出した。

5　衛生管理者制度の創設

一九四七(昭和二二)年十月に公布された労働安全衛生規則の中に盛り込まれた「衛生管理者制度」は、効果的な労働衛生の推進を図るため、工場の中で労働衛生上の問題点をつぶさに観察し、その解決策を見出すための専門家を各企業内に配置するというものである。当時、海外には産業保健婦制度を定めているいくつかの国はあったが、わが国の衛生管理者制度のようなものは他国にはなかったとのことである。この制度の考え方は、人の健康に関わる事項を管理するのは基本的には医師であるが、事業場のすべてに医師を配置することは困難なため、医師以外に国家試験に合格した者を衛生管理者として任命して労働衛生管理を進めようというものであった。医師はこの衛生管理者となれたことはいうまでもない。一九四八(昭和二三)年から全国で衛生管理者試験が行われ、この試験に合格した衛生管理者が続々と誕生することとなった。

行政をはじめ有識者から多くの期待を受けて誕生した衛生管理者制度であったが、その草創期には使用者、労働者双方の理解不足から、大企業は別として一般の企業においては必ずしもスムーズには行われなかった。この制度が企業に広く定着するのはそれからしばらく後のことである。しかし、その後のわが国の労働衛生の発展について、この衛生管理者制度なしに語ることは出来ないのである。

6　全国労働衛生週間の誕生

第二章の第5項に「一九二八（昭和三）年に第一回全国安全週間が開催された。このときの『安全』には『労働衛生』の意味も含まれていた」と述べた。しかし、一般的に戦前は使用者の労働衛生に対する意識は高くなく、労働衛生とは、単に寄宿舎内の結核など伝染病や一部の職業病の予防程度と理解していることが多かった。戦後になって珪肺をはじめとする多様な職業病予防、そのための環境改善などの課題も浮き彫りとなり、とかく安全問題の中に埋没しがちな労働衛生問題を見直し、労働衛生として独立した全国週間を実施する必要性が認識されてきた。その結果、一九五〇（昭和二五）年に労働省主唱により第一回全国労働衛生週間が開催された。第一回は十月十日から一週間であったが、第二回目以降十月一日からの一週間とされ、現在に至っている。

7　衛生管理特別指導事業場制度の創設

衛生管理特別指導事業場制度は、一九五二（昭和二七）年九月に安全管理特別指導事業場制度とともに創設された行政施策の一つである。これらの二つの制度は、その行政手法は似ているが、対象事業場及び目的を若干異にしている。

安全管理特別指導事業場は、行政が災害の多い事業場を「特別管理指導対象事業場」に指定して都道府県労働基準局と労働基準監督署が協力して濃密な監督・指導を行って災害を減少させようというものである。一方、衛生管理特別指導事業場は、事業場が自主的に衛生管理を行う機運を醸成する目的で、あらかじめ資金的にも技術的にも能力のありそうな事業場を行政が指定して、一年間の衛生管理計画の提出を求め、都道府県労働基準局と労働基準監督署が協力して濃密な指導を行った後に、その成果を発表し合って、同種事業場の衛生管理活動を刺激しようとするものである。この制度は現在も続いており、多大な成果を収めているといえる。この制度下での特別指導を受けた事業場の中には、後に労働衛生管理優良事業場として労働大臣賞を受けたものも少なくない。また、行政がこの制度を進める中で衛生管理者の発言権が大きくなったという声が聞かれ、労働衛生管理の定着に寄与したともいわれている。

なお、現在では、労働災害の防止を図るため総合的な改善措置を講ずる必要があるとして、行政が安衛法に基づく安全衛生改善計画の策定を指示するのに際して、当該事業場を安全管理特別指導事業場または衛生管理特別指導事業場に指定するという運用が図られているようである。

8　一一七八号通達（労働衛生の古典）

この通達は示されて以来、長い間、官・民を問わず労働衛生に携わる人々の間において、労働衛生の基本となったものである。本来、通達とは、『広辞苑』その他の国語辞典にあるように「上級機関が所管の機関・職員に対して発する指示の通知」であるはずであるが、厚生労働省の通達には、厚生労働省労働基準局という上級機関が都道府県労働局という下級機関に指示を与える場合に法令の条文解釈を示し、その解釈に従って行政を進めるように指示するものが少なくない。一一七八号通達はその典型ともいえるものである。この通達は、昭和二三年八月十二日付けで労働省労働基準局長が都道府県労働基準局長あてに「労働基準法施行規則第十八条、女子年少者労働基準規則第十三条及び労働安全衛生規則第四十八条の衛生上有害業務の取り扱いについて」として、それぞれの規則の条文解釈とその行政上の取り扱いを指示したものである。

この通達では、通達の目的を「労働基準法中の中核をなす労働衛生を推進する上で客観性を有する科学的基準を設定することが重要であるとの考えから、差し当たり特殊な衛生管理をしなければならないような特殊な業務を列挙し、当面妥当と考えられる基準を設けて、事業者が職業性疾病防止のために守るべき規範として示されたものである」としている。この通達の草案は、労働省労働基準局衛生課が当時労働衛生の権威といわれていた公衆衛生院生理学部長石川知福博士、労働科学研究所長勝木新次博士、同部長久保田重孝博士らの援助を受けて成し得たものであるといわれており、この通達の中で定められている基準は当時の労働衛生の粋を集めて決められたものである。

この通達の中で、有害化学物質の作業環境濃度の限界を「恕限度」（じょげんど）という用語をもって示していた。平たくいえば「許容濃度」のことであろうが、この時代に作業環境中において有害化学物質濃度の上限を定めたことの意義は大きい。この考え方が現在の作業環境管理の考え方につながっていると考えられる。

9　民間企業での対応

戦後の混乱期ではあったが、GHQの強力な指示もあって、労働基準法の施行を始め労働者保護法令の充実、行政体制の整備、行政による数々の労働者保護のための施策の施行など制度面では著しい充実がなされた。しかし、この時代の国の基本施策は、官民あげての国の再建と経済の復興であったといえる。したがって、多くの民間企業では、しばらくの間、これらの画期的な法令の施行、行政施策に対して少なからぬ戸惑いと混乱が生じていたのも当然の成り行きであろう。

一般的にいって、この時代の民間企業は、生産第一のポリシーのもとに、戦前から問題となっていた珪肺、結核、寄生虫などの対策以外には、国の打ち出す労働衛生施策にはあまり関心を示す余裕がなかったものといわざるをえない。ただ、経済の復興とともに大企業を中心に徐々にではあるが労働衛生に関する関心が広まってきた。

このような中で一九四八（昭和二三）年に化学繊維工業会（現在の日本化学繊維協会）が「有害ガス問題対策会議」を設置して、戦前から問題とされていたレーヨン、スフ工場の紡糸工程から発生する二硫化炭素中毒問題解決にあたったことは特筆される。この努力は次第に実を結び、作業場内での二硫化炭素濃度は次第に減少していった。これは戦後初めて行われた労働衛生問題に対する業界上げての試みであった。

一九五〇（昭和二五）年六月には大手鉄鋼六社から成る「鉄鋼六社安全連絡会」が開催された。この会合では「安全管理の具体的な内容に重点を置き、出来る限り上層部の責任者が出席することと、お互いの工場を見学し合って、短所、欠点を遠慮なく指摘して、それを率直に受け入れること」を申し合わせている。この活動の中に、もちろん労働衛生対策も含まれていた。この活動は現在も続けられている。

この時代は、未だ大企業中心ではあるが「2S運動」（整理・整頓）が芽生えてきた。これは後に「4S運動」（2Sのほか・清掃・清潔）「5S運動」さらに最近では「6S運動」（4Sのほか・躾・習慣）として、わが国の事業場のみならず、東南アジア諸国でも日系企業をはじめわが国と資本関係にない当該地域の企業においても全員参加の労働安全衛生対策の一つとして幅広く導入されている。

なお、一九五〇（昭和二五）年六月二五日、北朝鮮が、突如、北緯三十八度線を越えて韓国に侵攻した、いわゆる朝鮮動乱の始まりであった。この戦争によって、米軍から日本国内の各種の企業に発注が急増した。その端緒となった事情の是非は別として、それによって輸出が急増して、わが国の経済は戦後の極端な混乱期の不況を脱することができたといわれている。

第四章　高度経済成長の幕開け

一九五六（昭和三一）年度の『経済白書』は、わが国の第二次世界大戦敗戦後の経済復興状況を「もはや戦後ではない」と表現し、当時の流行語となった。今流に言えば「流行語大賞受賞」となろう。

私は、確か、中学二年生であったと思う。当時、社会科の先生が授業の中で経済白書のこの表現に触れられ「日本は第二次世界大戦敗戦の荒廃から十年で『もはや戦後ではない』といえるまで回復した。今までは先生の世代の人が頑張ってきたが、これからは君たちの時代。『戦争に負けた劣等国』などとぐずぐず言っていないでがんばりたまえ」という趣旨のことを言われたことを記憶している。

この時、先生は、この機会に中学生にあまり馴染みのない「白書」について教育しようとされたのだと思うが「政府が発表するいろいろな分野の実情報告書を『白書』という。『経済白書』はその一つで、ほかにも『労働白書』、『厚生白書』などがある。白書の由来は、英国政府の報告書が白い表紙を用いているところからそのように呼ばれるようになり、わが国政府の発行するその種の報告書も白い表紙を用い『白書』と呼ばれている」といわれた。好奇心旺盛な中学二年生であった私は、早速、町の本屋に「白書」なるものを見に行った。経済白書の内容を見に行ったのではなくて「白書」の表紙を見に行ったといった方が正確であろう。本屋には発売間もない『経済白書』の何冊かが置いてあった。しかし、『経済白書』なる本の表紙は、決して上等な装丁ではないが、先生のお話しから想像していたもの（白紙の表紙に『経済白書』とだけ印刷されているもの）とは程遠く、安物ではあるが普通の本と同じように見えた。

「白書」は、英語の「White Book」または「White Paper」の和訳であることまでは直ぐに分かったが、白書には二種類あり、その一つは、政府が税金で作成して関係者に無料で配布しているもの（私が先生の話しから想定していた、いかにも「白書」というに相応しい白紙の表紙に『〇〇白書』とだけ印刷されたもの）と、もう一つは、一般向けに書店に出版物として売り出されているもの（私が書店で見た安物の出版物のようなもの）があることを知ったのはずっと後になってからである。多分、公務員になって本物（？）の「白書」を見てからではなかったかと思う。

さて、第三章では一九四五（昭和二十）年からの十年間を「戦後の混乱と復興の時代」として述べた。それに続く約二十年は、わが国の戦後復興から高度経済成長の時代であり、その結果、この時代の後半には、名実ともに世界の先進国の仲間入りをした時代である。

それでは、『経済白書』のいう「もはや戦後ではない」の「戦後」とはどのような状況であったのだろうか。第二次世界大戦後の経済の苦悩は、インフレーションと食糧危機に象徴されることは言うに及ばない。一九四九（昭和二四）年のドッジ・ラインによる超均衡予算によりインフレーションは一応収束したが、反面、「安定恐慌」と呼ばれた不況に陥り、同年二月から翌年三月までの、たった一年余りの間に一万一千件の企業整理、五十一万人もの解雇者を出し、金詰りのため生産が縮小されるに至った。

このような危機的な経済状況の中、一九五〇（昭和二五）年六月二五日、突如として朝鮮動乱が勃発した。この時わが国に駐在していた国連軍は、この後五年間で十六億ドルに及ぶ莫大な戦略物資を日本で調達したので、それまでの滞貨が一掃され、経済界は急速に立ち直り、輸出急増と相まって、一九五一（昭和二六）年の鉱工業生産は、ほぼ戦前の水準に戻った。

この章で述べることとなる一九五六（昭和三一）年の状況はというと、国民所得は戦前の五割増に達し、一人当たりにしても戦前の最高記録であった一九三九（昭和十四）年の水準を超え、工業生産も戦前の二倍に達したといわれている。この頃から第一次オイルショックまでの日本経済は、技術革新を基礎とした世界でも例を見ない高度成長の道をたどることとなった。この間の好景気は「神武景気」、「岩戸景気」といわれ、国民総生産（GNP）は、平均年率十％という驚異的な成長を続けることとなる。

その一方で、環境破壊による様々な形の公害問題、技術革新による新しい工業材料の導入や生産方式の変化に伴う労働災害問題が惹起されてきたことも否めない。第二次世界大戦敗戦後、がむしゃらに豊かな国を作るため重化学工業を優先した経済発展政策をとり、その結果得られた物質的な豊かさが果たして人類の幸福であったのかという根本的な問題を問いかけなければならない最初の壁にぶつかったのもこの時代であった。

最近のわが国の一般会計予算総額は百兆円を超えているが、わが国の当初予算が初めて一兆円を超えたのは一九五六（昭和三一）年度のことという。現在の予算の総額から見れば隔世の感はするものの、『経済白書』が当時の経済復興状況を「もはや戦後ではない」と表現したのがこの年である。

一九六〇（昭和三五）年七月に池田内閣が成立し、同年十二月には「国民所得倍増計画」

が閣議決定された。私は、当時、高校三年生であったが、この報道を聞いたとき、正直いって「給料が二倍になるって？　本当かよ？」と思ったし、多くの大人も政治家の宣伝くらいに思ったのではなかろうか。そのような危惧をよそに池田内閣の国民所得倍増計画は、ほぼ、順調に達成された。わが国の経済成長は大方の人々の予想を遥かに超えたものであったといえる。

この計画の目的は、長期計画に基づく投資によって産業基盤を中心とする社会資本整備を進めることにあったという。実際に民間設備投資が大幅に拡大し、急速な経済成長が達成された。そのような情勢の中でわが国の国際社会への完全復帰を象徴する大イベントとして一九六四（昭和三九）年に「第十八回オリンピック東京大会」が開催された。

この時代には、鉄鋼業、造船業、自動車工業、化学工業などの基幹産業では、相次ぐ技術革新と新規投資によって、次々と生産規模を拡大していった。この経済成長は、わが国を世界の先進工業国に仲間入りさせたし、国民所得の増大と国民生活の飛躍的な向上をもたらした。その一方で生産規模の拡大、原料、エネルギーの大量消費、どちらかというと生産活動に偏重した当時の経営方針などに起因して、労働災害の発生件数はうなぎのぼりに上昇した。さらに災害の規模は大型化し、重大災害も多発するようになった。また、人々の健康の面からも企業の外では水俣病に代表されるような深刻な公害問題、企業の内では化学物質や新しい技術の導入による想像を絶するような職業性疾病の問題が生じてきた。

一九六三（昭和三八）年度の『労働衛生のしおり』には、

「労働の緊張と単純化のために、労働者は精神的に疲労を招き易くなり、また、人間疎外と呼ばれる精神状態に陥る例も多くなっている。・・・・新しい原材料の使用によるもので、これらの化学物質の人体に及ぼす影響を明らかにし、工業中毒の対策を講じる必要が生じてきている。

重化学工業、鉄鋼業、合成樹脂工業、機械金属工業などの雇用の急速な拡大は、これらの産業における労働衛生上有害な業務に従事する労働者の増加をもたらし、職業性疾病の対策がそれだけ拡がってきている。」

と指摘している。

この時代の労働衛生対策は、このような認識の下に進められてきたが、特筆すべきことは、この頃から明治以来の防疫対策を主流とした伝統的な医学中心の労働衛生対策から、理学、工学、生物学などの関連分野の技術が医学と共通の基盤に立って職業病予防にあたるという機運が出てきたことである。

1　行政の対応

わが国の労働災害発生件数は戦後の経済発展とともに一九五〇年代から年々上昇して、一九六一（昭和三六）年についにワースト記録に達することとなる。この年には、一年間で六千七百十二名の尊い命が労働災害により失われ、四十八万人以上の労働者が休業八日以上（現在の統計は休業四日以上であるが、この当時は労災保険の休業給付の支給対象が休業八日以上であったため、統計も休業八日以上となっている）の災害を被った。

その後、労働安全衛生対策の成果が徐々に現れはじめ労働災害発生件数は順調に減少傾向に転じた。さらに労働安全衛生法施行後の一九七三（昭和四八）年以降は急速に減少した。その結果、二〇一五（平成二七）年には死亡者数が千人を下回り、さらに二〇一九（令和元）年からは八百人台で推移している。この数字は一九六一（昭和三六）年のピーク時に比べれば著しく減少しているものの、今なお一年間に何百人もの人々が労働災害により死亡していることは大きな問題であるし、最近、死傷災害も含めた労働災害発生件数は十二～十四万人台で高止まりしている。これらのことについては後の章で改めて述べることとしたい。

このように経済の進展とともに増大してきた労働災害発生件数は、労働者保護という観点からは当然のこと、わが国経済にとっても大きな損失であり、次第に大きな社会問題と

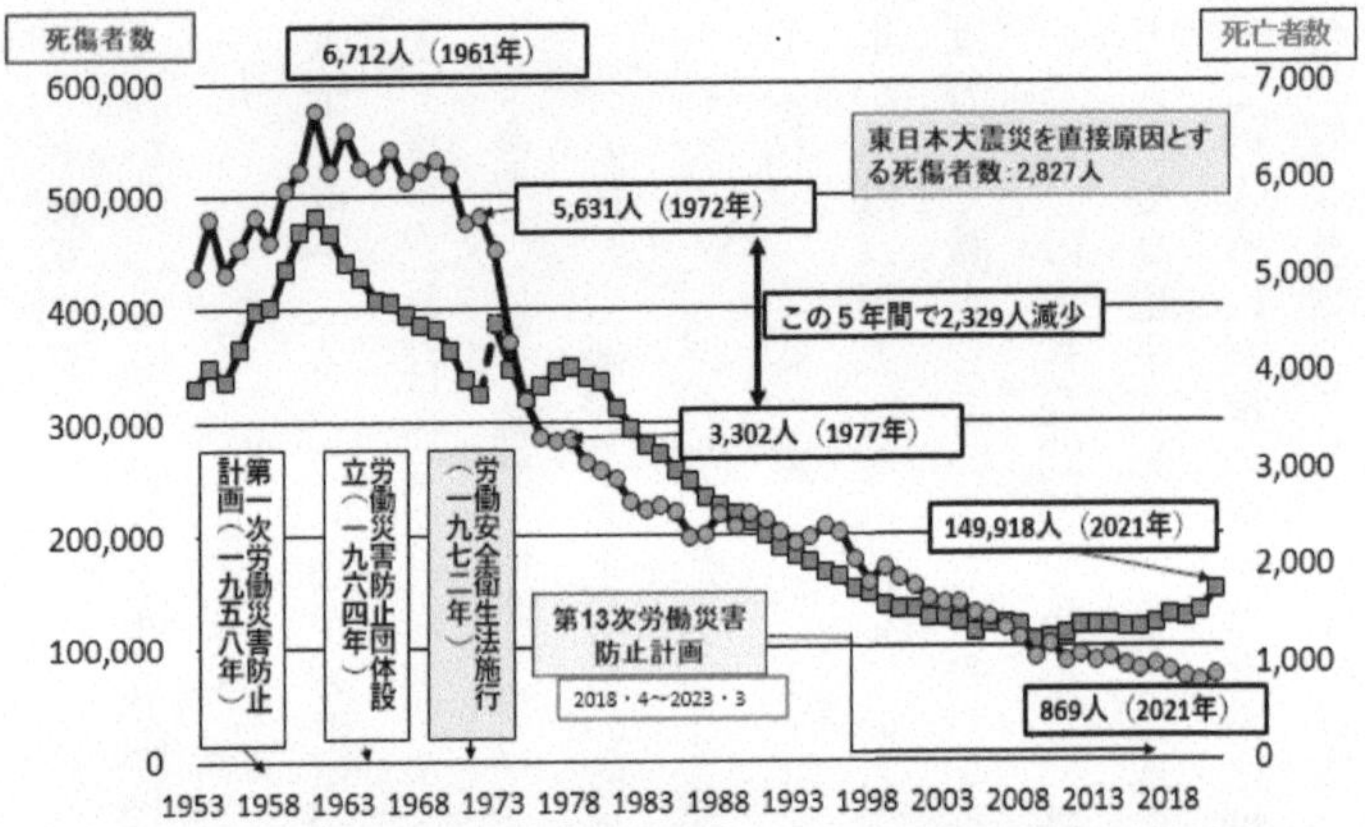

（資料出所：死亡者数は厚生労働省安全課調べ。死傷者数は 2011 年までは労災保険給付データおよび厚生労働省安全課調べ。2012 年以降は労働者死傷病報告）

図 2　労働災害による死傷者数の推移（1953 年～2021 年）

なり、各方面から労働災害防止の重要性が叫ばれるようになってきた。

このような社会の要請に応えるための種々な対策が採られてきた。

(1)　産業災害防止総合五ヵ年計画のスタート―一九五八（昭和三三）年―

労働災害防止の重要性を訴える声が次第に大きくなる中で政府（労働省）は、一九五八（昭和三三）年四月から「五年間で労働災害を半減させる」という目標を掲げた第一次「産業災害防止総合五ヵ年計画」公表した。この計画は、三者構成（公・労・使）の中央労働基準審議会の議論を経て労働大臣が公表したもので、官民一体となって労働災害防止に取り組もうという空気の表れであったといえる。それから五年間、目標達成のために官民あげての努力が払われたが、半減を目標とした最終年の一九六二（昭和三七）年の労働災害発生件数は、ワースト記録となった前年の一九六一（昭和三六）年よりはいくらか減少したものの、結果的には計画の初年度を大きく上回ることとなってしまった。この五年間に多大な労働災害防止対策が採られたにもかかわらず、労働災害発生件数が増加したのは、この間の経済の成長がそれをはるかに上回った結果と考えられる。

第一次産業災害防止総合五ヵ年計画に引き続いて、一九六三（昭和三八）年から第二次計画にあたる「新産業災害防止総合五ヵ年計画」がスタートした。その五年後の一九六八（昭和四三）年には第三次計画が「労働災害防止団体等に関する法律」に基づいて策定された。その後、この労働災害防止五ヵ年計画は、一九七二（昭和四七）年に制定された労働安全衛生法の一つの章に「労働災害防止計画」として規定され、第一次から第三次計画と同様に五年ごとに策定されることとなった。したがって第四次計画からは労働安全衛生法に基づく「労働災害防止計画」として公表されることとなった。

昭和三十年代（一九五五〜六四年）のはじめに労働災害防止に関する中・長期的な目標

を定めた計画を策定し、その目標達成のために官民が協力して労働災害防止のために努力したことに意義がある。第二次計画以降も高い目標を定めたために必ずしも当該計画の期間中に目標達成とはいかない場合も多かったものの、公・労・使の合意のもとに労働災害防止五カ年計画を策定し、官民協力して労働災害防止に努力することによって労働災害発生件数は着実に減少していった。

(2) 中央労働災害防止協会及び業種労働災害防止協会の設立
—一九六四（昭和三九）年—

この当時の民間労働災害防止団体の活動については後（第11節以下）に述べることとするが、ここではそれらの団体の活動を集大成して法律により労働災害防止団体が設立された経緯についてのみ述べることとする。

この時代に民間の労働災害防止活動は次第に活発化して事業場の安全衛生水準は徐々に向上してきたが、高度経済成長下での産業活動の拡大、技術革新の波は予想を上回るものであった。そのため民間の労働災害防止の懸命な努力にもかかわらず、労働災害発生件数は一九六一（昭和三六）年をピークに、いくらかの減少を見たものの、依然として非常に高い水準にあった。このような状況の中では国の行う監督・指導行政だけでは限界があり、是非とも民間事業主が労働災害の防止、労働衛生水準の向上にイニシアチブを取っていくことの重要性が叫ばれるようになった。そのためには、当時、民間労働災害防止団体として積極的に活動していた「全日本産業安全連合会」（全安連）と「全国労働衛生協会」（全衛協）の機能をさらに強化し、法律によってその地位と活動が裏付けされる産業安全及び労働衛生の専門団体を作る必要があるとの結論に達した。こうしたことから一九六四（昭和三九）年に「労働災害防止団体等に関する法律」が制定された。この法律に基づいて同年八月一日、「中央労働災害防止協会」（中災防）ほか、当時の基幹産業であり労働災害防止対策上重要な産業であった「建設業」「陸上貨物運送事業」「港湾貨物運送事業」「林業」及び「鉱業」の五つの業種別労働災害防止協会が設立された。なお、鉱業労働災害防止協会は二〇一四（平成十六）年三月三一日に、所期の目的を達成したとして解散した。

中災防は、業種ごとの労働災害防止協会、事業者団体や安全衛生活動を行う団体を会員として、会員間の連絡・調整と事業主団体の行う安全衛生活動を援助することを業務内容としている。この時、それまで民間の安全衛生運動の中心的な活動をしていた全安連及び全衛連は発展的に解消して中災防に吸収され、ここに文字通り安全衛生を推進するナショ

中央労働災害防止協会（中災防）の目的

事業主の自主的な労働災害防止活動の促進を通じて、安全衛生の向上を図り、労働災害を絶滅する

- 安全衛生情報の提供
- 安全衛生意識高揚のための運動の展開
- 専門家によるコンサルティング・技術支援の実施
- 教育・研修
- ゼロ災運動の展開
- 健康づくり・快適職場づくりの促進
- 労働災害防止のための調査研究

図3　中央労働災害防止協会（中災防）の目的

ナルセンターが誕生したことになる。

なお、現在、中災防及び四つの業種別労働災害防止協会設立の根拠となっている法律は「労働災害防止団体法」であるが、一九六四（昭和三九）年に労働災害防止団体が設立されたときの根拠法律は「労働災害防止団体等に関する法律」といった。この法律は、一九七二（昭和四七）年に労働安全衛生法が制定されたときに労働災害防止団体設立の根拠となる部分を残し、その他の部分は労働安全衛生法に移されたため、労働安全衛生法の制定と同時に「労働災害防止団体法」と改められたものである。その労働安全衛生法に移された部分とは、(1)に述べた労働災害防止計画の部分と、わが国経済の進展に伴って増加した作業形態、すなわち建設業や造船業

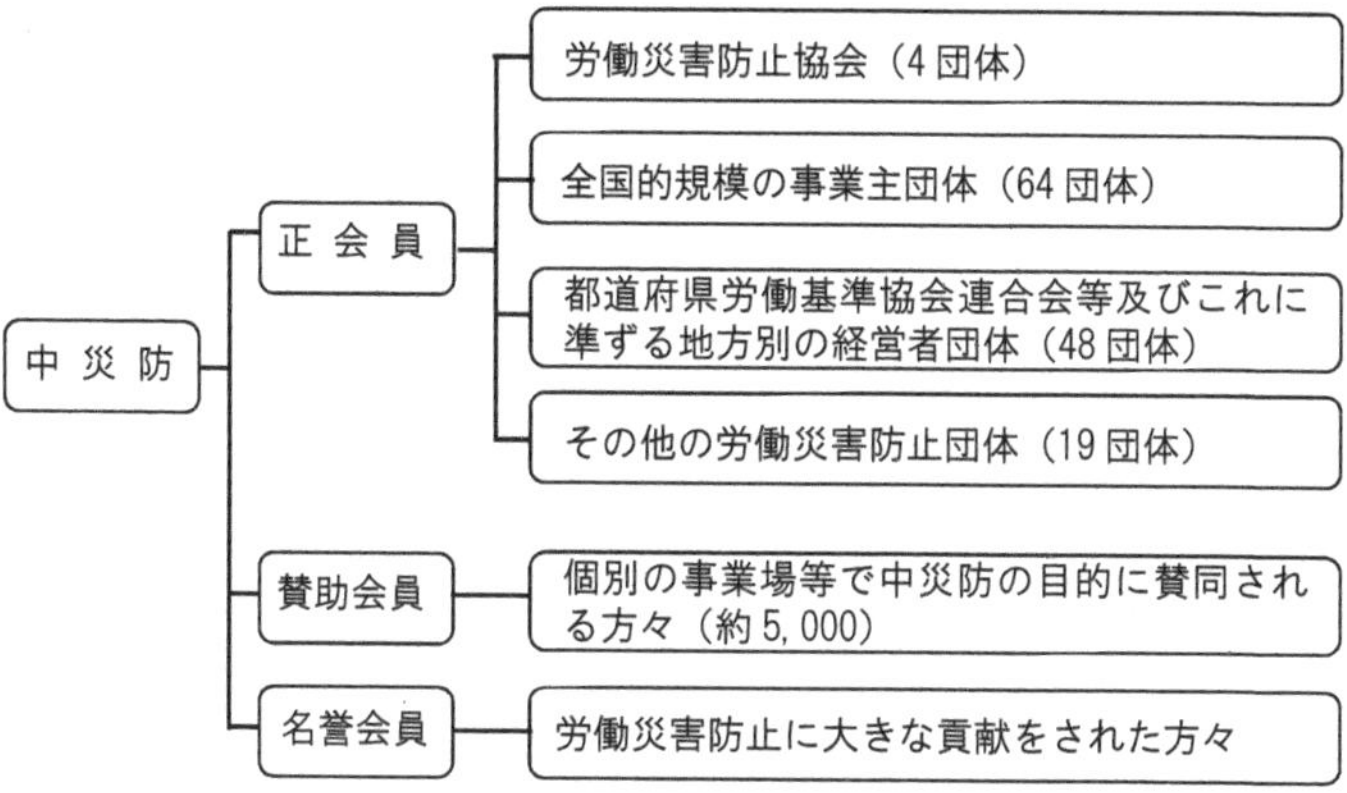

（会員数は2022年現在）

図４　中災防の会員

など一つの作業現場で使用者を異にする多くの労働者が作業を行うケースなど、労働安全衛生に関し使用者と労働者の関係をダイレクトに規制している労働基準法ではカバーしきれないものが多くなってきたとして同法に取り入れられていた、重層請負構造の作業現場における安全衛生管理体制にかかわる部分であった。

(3)　行政組織の充実

労働衛生行政発足当時には、中央に労働基準局衛生課（後に労働衛生課と改められた）、東京及び大阪労働基準局には衛生課（後に労働衛生課と改められた）、北海道労働基準局など二十六の労働基準局には安全衛生課、その他の労働基準局では監督課が労働衛生行政を担当した。この時代に至り、労働衛生行政の需要増大に伴い、一九五八（昭和三三）年四月に愛知労働基準局では安全衛生課から労働衛生課が独立、続いて一九五九（昭和三四）年三月には神奈川及び兵庫労働基準局で、前年の愛知労働基準局の例と同じく安全衛生課から労働衛生課が独立し、同時に残りの労働基準局では監督課から安全衛生課が独立した。これにより都道府県労働基準局における労働衛生行政はすべて労働衛生課または安全衛生課が所掌することとなった。

また、一九五九（昭和三四）年に次第に複雑化・専門家してきた労働衛生行政に対応するため「労働衛生専門官」制度が設けられた。その後、一九六六（昭和四一）年に「労働衛生専門官規程」が公布され、労働本省に中央労働衛生専門官、都道府県労働基準局及び労働基準監督署に地方労働衛生専門官を置くという、ほぼ、現在と同様な制度となった。一九七二（昭和四七）年の労働安全衛生法の施行とともに労働衛生専門官制度は同法に基づく官職となったが、その原形はこの時代に出来たものである。

なお、一九六五（昭和四十）年四月に労働省労働基準局に労災防止対策部が設置された。続いて一九六七（昭和四二）年八月に労災防止対策部は安全衛生局に昇格したが、翌年六月には国の行政機構簡素化方針にのっとった、いわゆる「一省一局削減」のため現在の労働基準局安全衛生部となった。このことについては次の章で述べることとする。

(4) 労働衛生研究所の創設――一九五六（昭和三一）年――

一九五六（昭和三一）年八月に労働省設置法の一部が改正され「労働衛生研究所」が設置されることとなった。この研究所は、一九四九（昭和二四）年から栃木県塩谷郡藤原町高穂に設置されていた「けい肺試験室」を吸収して、翌年六月に開所式が行われた。

その後、この研究所は、わが国に数少ない労働衛生分野の専門研究機関として数々の輝かしい基礎研究の成果を残している。一九七六（昭和五一）年七月には「産業医学総合研究所」と発展的に名称変更を実施。その後、二〇〇六（平成十八）年に産業安全研究所と統合され、さらに二〇一六（平成二八）年には労働者健康福祉機構と統合し、「独立行政法人労働者健康安全機構労働安全衛生総合研究所」として活動している。

2　珪肺対策の充実

前章でも珪肺対策は労働衛生の最大の課題であったと述べたが、この時代でも前の時代に引き続いて「珪肺対策」は、最も重要な課題の一つであったことには違いない。

私が労働省の職員となって同省労働衛生課で最初にした仕事は、じん肺の最高権威の先生方により構成されている中央じん肺診査医会で、シャーカステンにX線フィルムを差し込む役目であった。先輩からは「通常は拝ませても貰えないような偉い先生たち。普段は多くの弟子たちに囲まれて大名行列のごときご回診をされている先生たち。失礼のないように十分注意しろ」といわれていたし、私にとって中央官庁での最初の仕事でもあり、コチコチに緊張はしたが、それほど怖い先生はおられなくてほっとしたことを、つい、先日のことのように覚えている。それは「じん肺法」が施行されてから数年経ってからのことであるが、それが縁でそれから何年かの間「じん肺」に関する仕事をすることになり、雲の上の人という表現がぴったりのような偉い中央じん肺診査医の先生方から多くのご指導を賜った。それだけに「じん肺」は、私が労働衛生に関わることとなった原点のような気がする。

(1) けい肺及び外傷性せき髄障害に関する特別措置法の制定——一九五五（昭和三十）年——

珪肺対策が古くからの労働衛生の重要な課題であったことは、すでに述べた。労働省は、一九五五（昭和三十）年五月に「珪肺等特別保護法案」を国会に提案した。その法案は、衆参両院とも満場一致で通過したが、審議の過程で外傷性脊髄障害者も特別な保護をすべきとする意見が取り入れられ、同法案に一部修正が加えられ同年七月に「けい肺及び外傷性せき髄障害に関する特別措置法」（けい肺等特別措置法）として成立した。

この法案が国会で審議されている過程での笑い話のような話として「珪肺（けいはい）」が肺結核の軽いもの、すなわち「軽肺（けいはい）」と誤解され、「何故、軽度の肺病（肺結核のこと）に特別保護が必要か」という人があったとか。珪肺は当時の労働衛生の最重要課題ではあったが、世間一般から見れば、その程度の認識であったのだろう。社会一般の労働衛生に対する認識の程度があらわれていると思う。

この法律はさまざまな面で画期的なものであったといわれている。その第一は、法律の成立に関係労使団体の協力が大きな役割を占めていたことである。もちろん法制定には労働省が主体となって動いたことはいうまでもないが、関係労使団体の理解ある協力によるところが大きかったといわれている。

その第二は、この法律は労災補償及び粉じん作業者の健康診断の面で画期的なものであったことである。労災補償の面では、事業者の労災補償責任を珪肺患者と外傷性せき髄障害者の療養・休業給付について、一般の労災補償制度の原則（三年間）を超えて二年間延長したことである。このことは(2)に後述のけい肺等臨時措置法の段階を経て、労災保険の年金化への導火線となったものとして重要な意義を持ったものといえる。また、粉じん作業者の健康診断の面では、事業者のけい肺健康診断実施義務とけい肺症度（今でいうじん肺の管理区分）の国による決定方式を決めたことである。これにより、けい肺による労災補償受給権者を継続的に確実に把握し、けい肺患者に対する労災補償の確実な実施が担保されたことになった。

労働省では、この法律の施行された一九五五（昭和三十）年九月から一九五七（昭和三二）年末にわたり、全国の粉じん作業を有する約一万二千の事業場に雇用される労働者（粉じん作業従事者）約三十四万人に対して統一した健康診断を実施した。その結果三万八千名もの有所見者が発見されたという。これは大きな問題であり、これらの労働者保護のため、次に述べるけい肺等臨時措置法の制定を経てじん肺法の制定へと繋がった。

(2) けい肺及び外傷性せき髄障害の療養等に関する臨時措置法 ——一九五八（昭和三三）年——

(1)に述べたとおり、けい肺等特別措置法では労災補償制度の原則である三年間の療養、休業給付に特別措置として二年間の上乗せをしたところであるが、当然のこととして、同法の施行後二年を経過した時点（一九五七（昭和三二）年）から、その特別給付満了者が現れはじめ、それらの者の保護を継続すべきとの声が出てきた。

このため種々の議論がなされたが、結果的にはけい肺等特別措置法による特別保護をさらに二年間延長することとした「けい肺及び外傷性せき髄障害の療養等に関する臨時措置法」（けい肺等臨時措置法）が一九五八（昭和三三）年五月に制定された。このけい肺等臨時措置法の中で政府に「けい肺及び外傷性脊髄障害に罹った労働者の保護措置について根本的に検討を加え、一九五九（昭和三四）年末までに改正法案を国会に提出すること」を義務付けていた。

(3)　じん肺法の制定―一九六〇（昭和三五）年―

労働省は、けい肺等臨時措置法の定めに従い一九五九（昭和三四）年十二月「じん肺法案」を国会に提出し、翌年、一九六〇（昭和三五）年三月「じん肺法」が成立し、同年四月一日から施行された。

この法律は、じん肺に関し、適正な予防及び健康管理その他必要な措置を講ずることにより、労働者の健康保持その他の福祉の増進に寄与することを目的（じん肺法第一条）として、じん肺健康診断の方法、じん肺健康診断の実施、じん肺健康診断の結果に基づく健康管理区分の決定、じん肺健康管理区分に対応して事業者の採るべき措置などを規定している。

この法律により、鉱物性粉じんを吸入する恐れのある労働者（粉じん作業者）のすべて（当時、約四十万人といわれていた）の健康管理が的確に行われることとなった。

粉じん作業者のじん肺健康診断という健康管理のほか、労働者がじん肺に罹ることを予防するための工学的対策の必要性も叫ばれ、同法に工学関係の専門家を「粉じん対策指導委員」として任命する制度がもうけられた。粉じん対策指導委員には大学教授等が多く就任されている。

じん肺法は、その後、一九七八（昭和五三）年に大幅に改正された。その改正については後に述べることとする。

3　特殊健康診断指導指針の公表――一九五六（昭和三一）年――

当時の労働衛生の課題としては、第一に「じん肺対策」があげられていたことは紛れもない事実であったが、産業の進展に伴ってじん肺以外の職業病も問題とされるようになってきた。そこで注目されるのが一九五六（昭和三一）年五月に労働省から公表された「特殊健康診断指導指針」である。この指針では十六種類の主要な職業病を早期発見するために必要な対象業務及び作業と検査項目を示したものである。これにより健康診断の面から職業病を早期に発見し、早期に治療できることとなった。

その後にこの指針の対象としている業務・作業に関わる予防対策が法令により規制されることとなった職業病については、この指針から当該法令に移され、新しく必要となった対象が加えられるなどの変遷をたどってきたが、今でも行政指導による健康診断（法令による特殊健康診断以外のもの）の原型はこの指針にある。

４　労働環境測定指針の公表—一九五八・五九（昭和三三・三四）年—

わが国に独特な「作業環境管理」、すなわち「場の管理」といわれる作業環境測定、その結果に基づく作業環境評価、さらにその評価の結果に基づく作業環境管理の原型は、一九五八（昭和三三）年及び一九五九（昭和三四）年に労働省から公表された「労働環境測定指針」（第一集及び第二集）である。この指針に示された測定技術は、その後の法令に測定義務を取り入れる際の動機となったし、後年、一九七五（昭和五十）年に制定された「作業環境測定法」、同時に改正された労働安全衛生法に導入された作業環境測定基準による測定、さらに後に導入された作業環境評価基準の制定など一連の作業環境測定とその結果の評価に基づく作業環境管理に関する規定の公布へと発展していった。

このわが国独自の作業環境測定とその結果の評価に基づく作業環境管理については後に詳しく述べることとする。

5　電離放射線障害防止規則の制定―一九五九（昭和三四）年―

一九五五（昭和三十）年に「原子力基本法」が制定され、同法に基づき「放射線同位元素等による放射線障害防止に関する法律」も制定された。この法律は、放射線障害防止に関する一般法であるが、労働の場における放射線障害防止の観点からも当時の労働基準法に基づく放射線障害防止対策が必要とされ、一九五九（昭和三四）年三月に「電離放射線障害防止規則」が制定された。

従来、エックス線やラジウム線などの電離放射線は、主に医療機関で使用されていたが、技術革新に伴って金属、機械、造船業等の産業でエックス線、ガンマ線を利用する非破壊検査技術が取り入れられるようになるなど電離放射線を取り扱う範囲が広がった。電離放射線障害防止規則は、そのような時代背景のもとに、それらの電離放射線による労働者の障害を防止するため制定されたものである。

なお、放射線障害防止については「放射線障害防止の技術的基準に関する法律」により、関係法令間の技術的基準を統一するため文部科学省におかれている放射線審議会の審議を経ることとされている。電離放射線障害防止規則も国際放射線防護委員会（ＩＣＲＰ）の新しい勧告を受けて関係省庁所掌の法令が改正されるとともに改正されている。最初の大改正は一九六三（昭和三八）年に行われた。その次は一九七二（昭和四七）年の労働安全衛生法の施行時となり、その後もしばしば改正されている。

6　有機溶剤中毒予防規則の制定―一九六〇（昭和三五）年―

映画『ローマの休日』を観られた方はおありですか。女優オードリー・ヘップバーンをご存知ですか。

突然、映画の題名や有名女優の名前を出して何事かと驚かれた方もおありと思うが、ここで述べたいのは映画や女優ではなくて「ヘップサンダル」であることをお許し願いたい。

「ヘップサンダル」については、言うまでもなく多くの方がご存知と思うが、映画『ローマの休日』の中で清楚な美しさで王女を演じ多くのファンを得たオードリー・ヘップバーンが映画の中で履いていたサンダルからヒントを得て、靴とサンダルを一緒にしたようなビニール製の履物である。この履物は、その簡便さとビニールという人工素材が従来の天然素材に代わって未来の夢の素材であるかのように思われていた社会の風潮と相まって急速に流行した。

さて、この「ヘップサンダル」は、有名な映画や美しい女優のイメージとは程遠い下町の家内工業で製造されていた。そして、それらの家内工業で働く人々の間で悲惨な職業病が発生したのであった。

一九五八(昭和三三)年の夏の盛りのこと、大阪の中小履物製造業者が密集している地域で、ヘップサンダルの製造に従事していた作業者に、倦怠感や貧血などの症状を訴える人が多く現れた。医師の診断の結果、どうも接着剤に含まれている「ベンゼン」による中毒ではないかとの結論に達した。一方、東京でも一九五九(昭和三四)年春ごろから、大阪と同じような作業に従事していた主婦たちが再生不良性貧血で入院する騒ぎが起き、さらには死亡者まで出るにいたった。どちらのケースもヘップサンダルの製造にベンゼンを溶剤に用いた接着剤をはけや歯ブラシにつけて使用していたために、ベンゼンの蒸気が作業場に充満し、作業者は知らず知らずの間にベンゼン中毒に罹っていたのである。

この頃、すでに「ベンゼン」が再生不良性貧血を起こす恐れがあることはおおよそ分かっており、労働省は、一九五六（昭和三一）年から、毎年、家内労働者達に対してベンゼン中毒防止のための監督や行政指導を行っていた。その矢先の大阪及び東京のベンゼン中毒らしき症例の報告に大きな衝撃を受け、早速、一九五九（昭和三四）年十一月には「ベンゼンを含有するゴムのりを労働基準法第四十八条に規定する有害物に指定する省令」を公布した。これにより「溶剤中にベンゼン五％を超えて含有するゴムのり」（ベンゼンゴムのり）は、その製造・販売・輸入又は販売の目的で所持することが禁止された。この規定は労働安全衛生法第五十五条に引き継がれている。

このことが契機となって、労働省は引き続き有機溶剤全般についての規制措置の検討を進め、「有機溶剤中毒予防規則案要綱」を作成して一九五九（昭和三四）年十二月に中央労働基準審議会に諮問した。同審議会ではこれを労働衛生部会に付託し、さらに同部会は専門委員会を組織して慎重な検討を行った。同委員会における半年にも及ぶ検討、さらに労働衛生部会での審議ののち一九六〇（昭和三五）年五月、同審議会の答申が出された。

しかし、有機溶剤は、それを使用する産業が多岐にわたること、その取扱方法・作業方法が様々であることなどから法規制に当たっての条文化に手間取ったこと、さらに労働基準法に基づく省令（規則）は同法第百十三条により公聴会を開いて公・労・使の意見を聞くこととされており、その公聴会において多くの意見、問題点が出されたことから、それらの意見などについても十分な検討を行う必要があったなどの事情により、規則の制定に思いのほかの日時を要したといわれている。当時の事情を知る人の話では、関係各方面との折衝に手間取ったし、規則に定めようとしている技術基準は中毒予防上十分か、また、その技術基準順守は実現可能か、などの問題点を一つひとつつぶしていったという。そして、同年十月にやっと「有機溶剤中毒予防規則」は公布され、翌年一月一日から施行の運びとなった。化学品に係る規制はこの規則以前に次節に後述するガソリンのアンチノック剤（四エチル鉛など）の製造・取扱など極めて限られた対象を規制するものはあったが、この規則のように適用範囲の広いものの制定は、労働衛生行政史上最初のことであり、その困難さが分かるような気がする。この規則は、その後制定される化学物質関係の規則の原形となったものであることはいうまでもない。

当時、規則制定に当たっての考え方として次の事項があげられていた。

①　当時溶剤として大量に使用されていたもののうちから、現に使用されているもので、人体に有害作用を及ぼすことが明らかなものを対象とし、その蒸気の吸入による中毒の予防を目的とすること。

②　中毒予防に必要な事項のうち、一般的な事項は一般則である労働安全衛生規則によることとし、同則に規定されていない事項及び規定があってもその内容が具体的でないものについて詳細な規定を行うこと。

③　対象とする有機溶剤及びその含有物をその有害性に応じて第一種から第三種溶剤までに区分して、それぞれの区分に応じ採るべき衛生管理基準を定めること。

④　技術的基準については、今後の研究の進歩に待たねばならないことも多いが、現段階における研究成果に基づき、法規制が妥当と認められる限度の基準を定めること。

そのような基本方針に基づき五十一種類の有機溶剤を対象として、当該有機溶剤及びその含有物を製造・使用する際の作業環境管理、作業管理及び健康管理を定めたものである。この中で、局所排気装置、全体換気装置、排風機、換気装置の性能の規定など、当時としては目新しい技術用語が多く用いられた画期的な規則であったといわれている。

なお、ベンゼンは有機溶剤中毒予防規則制定の発端となった物質であったが、その後、発がん性物質ということが分かり、現在では特定化学物質障害予防規則の対象とされている。

余談ではあるが、「化学」の代名詞に「亀の甲」という言葉をお聞きになった方は多いと思う。「化学」のことを「亀の甲」というのは、ベンゼンを表す化学式が六角形で亀の甲の形をしていることからそのように言われるのだろうが、ベンゼンは、それほどに化学工業における基本原料であるといえる。それでは「石油ベンゼン」または「ベンジン」という言葉をお聞きになった方も多いと思う。「ベンゼン」、「ベンジン」と並べられると迷われる方があるかもしれない。念のため述べておくと、再生不良性貧血、最近では白血病の原因にもなるといわれているのは「ベンゼン」である。「ベンゼン」は特定化学物質として規制されており、さらに「ベンゼンを含有するゴムのりで、その含有するベンゼンの容量が当該ゴムのりの溶剤（希釈材を含む）の5％を超えるもの」は労働安全衛生法第五十五条により製造等が禁止されていることは前述のとおりである。一方、「石油ベンジン」は、有機溶剤中毒予防規則で第三種に分類されて規制されているもので、薬剤抽出用、ドライクリーニング、精密機器洗浄用の溶剤として使用されている。

７　四アルキル鉛等危害防止規則―一九五八（昭和三三）年―

前章の昭和二十年代の出来事として述べるべきであったかもしれないが、一九五一（昭和二六）年五月に「四エチル鉛危害防止規則」が制定されている。この規則は、当時、ＧＨＱから太平洋岸の石油精製事業再開許可の前提として指示されて制定されたもので、ガソリンにアンチノック剤である四エチル鉛を混入する作業現場の構造や設備などに厳重な規制を定めたものである。

その後、一九五八（昭和三三）年七月に、横浜市小柴の米軍基地石油貯蔵タンク清掃作業中の二十九名が四エチル鉛中毒に罹り、うち八名が死亡するという事故が発生した。この事故を契機に前記の四エチル鉛危害防止規則の見直しが行われ、その後に四エチル鉛とともにアンチノック剤として広く使用されるようになってきた三エチル・一メチル鉛、二エチル・二メチル鉛及び一エチル・三メチル鉛を規制対象に拡大して「四エチル鉛等危害防止規則」（表題に「等」が加えられた）として一九六〇（昭和三五）年三月に公布された。

今ではほとんど見なくなった「加鉛ガソリン」ではあるが、昭和四十年代半ばまではガソリンのアンチノック剤としてのアルキル鉛は幅広く使用されていた。一九五八（昭和三三）年の事故のあと、一九六七（昭和四二）年十月にアルキル鉛に入ったタンクで清掃中の労働者八名が死亡し、二十名が中毒するという事故が発生した（船名から「ぼすとん丸事件」といわれている）。この事故を教訓に「四エチル鉛等危害防止規則」は、その規制内容を抜本的に改正し「四アルキル鉛中毒予防規則」として一九六八（昭和四三）年三月公布された。

その二年後の一九七〇（昭和四五）年五月に東京・牛込柳町交差点付近に住む住人の血中から高濃度の鉛が検出されたことから、車の排気ガスによる大気の鉛汚染が表面化した。また、このころから自動車使用台数の飛躍的増加に伴って自動車排気ガスによる大気汚染問題が顕在化し、その対策が強化された。この時、自動車排気ガス浄化のために三元触媒という排ガス分解触媒が使われるようになった。この三元触媒はガソリン中の鉛を嫌う（ガソリン中に鉛が含まれていると触媒効果が落ちる）ため無鉛ガソリンが必要とされた。これらのことからガソリン・メーカーは、ガソリン製造過程でのオクタン価向上のための技術開発に努めたし、自動車メーカーは、自動車そのもののエンジンの改善に努めた。それらの成果により特殊用途のガソリン以外にはアンチノック剤としてのアルキル鉛は使われなくなった。

その後、アンチノック剤としてのアルキル鉛の使用量も減ったこともあり、幸い大きな災害は発生していない。

8　高気圧障害防止規則の制定―一九六一（昭和三六）年―

「高気圧障害防止規則」の制定についてもこの時代の大きな出来事であったといえる。魏志倭人伝には、九州北西部の住民についての記述と思われるが「好ンデ魚鰒（あわび）ヲ捕ウ。水深浅トナク皆沈没シテ之ヲ取ル」という記述があるという。潜水作業はこのように古い伝統のあるもののようである。私が労働衛生課に勤務して間もない頃のこと、「千葉県の勝浦沖で漁師が水深三十三メートルに潜り鮑漁をしたあと、急浮上したため減圧症に罹ってしまった。その治療を『ふかし』といわれる伝統的な方法で行っている。減圧症治療の専門家は、『再圧タンク』で治療するように勧めているが、それを聞き入れず漁師仲間で『ふかし』を行っている」と報じられたことを記憶している。「ふかし」とは、減圧症に罹った人を発症前に潜っていたのと同じ深さまで沈め、そこから徐々に浮上させて減圧症の原因となっている血管中に出来た気泡を消し去ろうという伝統的な治療法だ。「新しく開発された『再圧タンクによる治療』は減圧を正確にコントロール出来るため、『ふかし』に比べて治療効果が格段に良くなったが、漁師の間では未だ信用されていなくて困ったものだ」とその道の権威である先生が頭を抱えておられたのを覚えている。

さて、ここではこのような思い出話を云々するのではなくて、古くから潜水作業は広く行われており、多くの潜水作業者が減圧症に罹っていたことが問題である。また、技術の進歩に従って新しい技術が導入され、サルベージ事業や潜函工法、圧気シールド工法など高気圧下の作業が盛んに行われるようになった。これらの作業者の間からも減圧症に罹るものが多くなった。

一九四七（昭和二二）年に制定された労働安全衛生規則には、第百八十八条から第百九十二条に高気圧障害防止に関する一応の規定はあったが、一九五四（昭和二九）年から五六（昭和三一）年に行われた調査では、二百十六名の高気圧障害罹患者がおり、うち十七名が死亡したという結果が出ている。このため労働省は「高気圧障害防止規則」を制定して、高圧室管理者、潜水士の資格制度を制定するとともに厳格な作業管理を行うこととした。この規則は、現在の「高気圧作業安全衛生規則」の原形をなすものである。私が前記勝浦の漁師の減圧症問題で専門家の先生から話を伺った際、その先生は「高気圧障害防止規則に定める作業管理を徹底しておれば絶対に減圧症は発症しない」と自信をもっておられたことを覚えている。なるほど減圧症の発症事例をみると、私の知る限り規則に定められた作業基準を守っていないために起こったものが多い。

9　局所排気装置の設計基準の開発―一九五七（昭和三二）年―『労働環境の改善とその技術』の発行

日本保安用品協会より『労働環境の改善とその技術』が刊行されたのは一九五七（昭和三二）年九月である。労働省は、横浜国立大学の北川徹三教授の局所排気装置設計の研究を労働衛生試験研究助成金により援助していた。本書は、北川教授が編集主査を務め、その成果をまとめたものであり、局所排気装置の基本設計書である。この書物の表紙が「赤がかった茶色」であったため「赤本」と呼ばれ、発刊以降長い間わが国の労働衛生工学的対応の基本書となったものである。この書物が、基本書となったというより、局所排気装置の設計に関する書物は他になかったといった方が正しい。

第６節に述べた有機溶剤中毒予防規則における有機溶剤蒸気の発散を防止するための工学的技術の基本は「局所排気装置」である。本書の「局所排気装置の基本設計」の技術があったからこそ有機溶剤中毒予防規則は成り立ったといえる。

私も労働省労働衛生課に配属となった直後に「技術屋で労働衛生をやるからには『赤本』

をマスターしろ」といわれ、労働衛生工学の教科書と思って読んだものである。

10 三井三池炭鉱の炭塵爆発—一九六三（昭和三八）年—と炭鉱災害による一酸化炭素中毒に関する特別措置法の制定—一九六八（昭和四三）年—

現在、わが国にはコマーシャル・ベースで採掘している石炭鉱山は存在しないが、昭和三十（一九五五～六四）年代の炭鉱は、その前の時代から引き続いて非常に景気の良い産業の一つであった。景気の良い産業ではあったが、作業の態様から非常に危険を伴う産業でもあり、しばしば事故を起こしていたことも否定できない事実であった。

わが国の炭鉱災害の中でも大きな災害として語り継がれているものとして、一九六三（昭和三八）年十一月九日午後三時十分頃、大牟田市三川町にあった三井三池鉱業所三川鉱の第一斜坑の坑口から約五百メートルの坑道で発生した爆発災害があげられる。この爆発災害により四百五十八名が死亡し、八百名を超える（八百三十八名といわれている）労働者が一酸化炭素中毒の後遺症を残したことで社会に深刻な事態をもたらした。

この災害が契機となって、一九六七（昭和四二）年七月に「炭鉱災害による一酸化炭素中毒に関する特別保護法」が制定された。この法律は、一酸化炭素中毒の後遺症を残した者は、神経を中心とする重篤な症状が長く続くことから特別な保護措置が必要とのことから制定されたもので、使用者及び労働者の義務、一酸化炭素中毒にかかった労働者に対する差別的取扱いの禁止、健康診断の実施、作業転換の措置、福利厚生施設の供与、診察等について規定している。診察等の措置については、労災保険の労働福祉事業として行われることとなった。

この災害から二十年も後のこととなるが、私は、一九八四（昭和五九）年一月十八日に三井三池鉱業所有明鉱の海底坑道で発生した火災により八十三人が死亡し、十三名が重軽傷を負うという災害の調査に同行したことがある。私にとって、なにしろ大規模な石炭鉱山に入るのははじめての経験であったし、重いバッテリーを腰にぶら下げ、頭には重いライトつきヘルメットをかぶって何時間も坑内を歩き、ヘルメットの重みで首は痛くなるし、履きなれない安全靴により足には肉刺が出来て、へとへとになったことを記憶している。冷たい空気の入気坑道と湿っぽくて生暖かい空気の排気坑道は、当該坑道に立ち入った途端に明確に区別出来た。子供のころ学校の理科室に貼ってあった人体中の血液の循環を示す図で「動脈が赤、静脈が青で示されたポスターの動脈と静脈と似ているな」などと思いながら坑道内を歩いたことを覚えている。

そのようなことを考えながら坑道内を歩いていられたのは火災発生現場に着くまでのこと。火災発生現場と見られるあたりの燃え方の凄さには驚くばかりであった。また、その火災発生現場から少し離れた場所で多くの人が亡くなっていたといわれた場所（坑内で作業していた人が火災発生により退避して、ついに犠牲となった場所と考えられる）では、坑道の壁や給排気のパイプなどにチョークやサインペンのようなもので犠牲となった方々が最後の力を振り絞って書かれたと思われる家族や友人に宛てた遺言らしき言葉などがいたるところに見られた。私は、それまでにも数多くの労働災害の現場調査したことがあり、労働災害の悲惨さを痛感したことは何度もあるが、この時のショックは、今なお、筆舌に尽くしがたい思いがする。

この頃には、エネルギー源の主体は石炭から石油にシフトしつつあった。わが国の石炭鉱山で条件のいいところは、ほぼ、掘りつくされていたこともあって石炭鉱業は次第に下火となっていたものの、三井三池有明鉱は、硫黄分の少ない良質炭を産出する新鋭鉱と注目されていた。安全対策も万全かのように思われていた。にもかかわらず、あのような大惨事を引き起こしてしまったのだ。それも一因して、わが国の石炭鉱山は急速に縮小の一途を辿った。

この時代には、ダイナマイト製造工場で発生したニトログリコール中毒をはじめ、硫化水素、クロム、五塩化石炭酸、臭化メチル、水銀、ステアリン酸鉛、一酸化炭素、硫黄、亜ヒ酸、フェノール樹脂、四塩化炭素、ベンジジン、鉛、フタロジニトリル、テフロン、フッ素などの化学物質による障害が続発した。また、キーパンチャーの間で問題となった頸肩腕症候群、チェーンソーによる振動障害など物理的障害も数多く問題となった。これらは昭和四十年代（一九六五～七四年）でも引き続き問題とされるものであるため、次章に譲ることとする。

11　災害防止団体の設立

一九六四（昭和三九）年に「労働災害防止団体等に関する法律」が制定され、この法律に基づいて、同年八月一日に「中央労働災害防止協会」（中災防）ほか、当時の基幹産業であり労働災害防止対策上重要な産業であった「建設業」「陸上貨物運送事業」「港湾貨物運送事業」「林業」及び「鉱業」の五つの業種別労働災害防止協会が設立されたことは、すでに1の(2)において述べた。

12 民間労働衛生団体の動き

話が前後して恐縮であるが、1の(2)に述べた中央労働災害防止協会が設立される前の民間労働衛生団体の活動について述べることとする。第二章に蒲生俊文氏、三村起一氏等の尽力により一九二五（大正十四）年にわが国初の民間安全衛生団体である「産業福利協会」が設立されたと述べた。その後、この産業福利協会は、わが国の社会全体が戦時色を一段と強めるなかで「大日本産業報国会」に統合され終戦を迎えたが、終戦の翌年、一九四六（昭和二一）年三月には、いち早く「産業労働福利協会」として再出発した。しかし、この団体は全国規模の団体というには程遠いものであったことは否めない。

同年（一九四六年）九月には三村起一氏等が「産業安全協会」を設立し、さらに地方レベルでもいくつかの民間安全衛生団体が設立され、次第に全国的な安全衛生団体設立の機運が高まってきた。ＧＨＱは、当時、米国に比べてきわめて遅れていたわが国の安全衛生水準向上のために米国から安全衛生の専門家を呼んで日本の工場の安全衛生診断を行った。その際の専門家の勧告の一つに「民間の全国安全協会設立の機運に対し、政府は強力に援助を与えるべきである」とあった。また、一九五二（昭和二七）年の戦後第二回目の全国安全大会においても「速やかに強力な全国団体を結成し、・・・・もって世界的視野に立つ一大安全運動の確立を期するものである」との決議が採択されるなど全国的な安全協会設立の機運は高まっていた。このような機運のもとに一九五三（昭和二八）年に「全日本産業安全連合会」（全安連）が設立された。このときの全安連の活動の中に労働衛生を包含していたことはいうまでもないが、活動の重点が安全に偏っていたことも、当時の直面していた労働災害防止の重点を考えれば否定できないところである。

一方、一九五〇（昭和二五）年に第一回全国労働衛生週間が実施され、以後、労働衛生に関する全国的な行事として定着するとともに労働衛生のための民間活動も次第に活発になってきた。一九四七（昭和二二）年に導入された衛生管理者制度によって全国の事業場に配置された衛生管理者は、まず、都道府県レベルで組織化をはかり、次いでブロック・レベル、さらには全国レベルでの組織化へと発展していった。これらの動きが背景となって、一九五九（昭和三四）年十二月に「全国労働衛生協会」（全衛協）が結成された。ここに労働衛生の推進を目的とした本格的な全国団体が誕生した。

全衛協は、現場の衛生管理者に必要な情報提供のための情報誌として『労働衛生』を一九六〇（昭和三五）年四月から刊行した。この機関誌は、その後設置された中央労働災害防止協会に引き継がれ、二〇〇〇（平成十二）年に雑誌『安全』と統合され『働く人の安全と

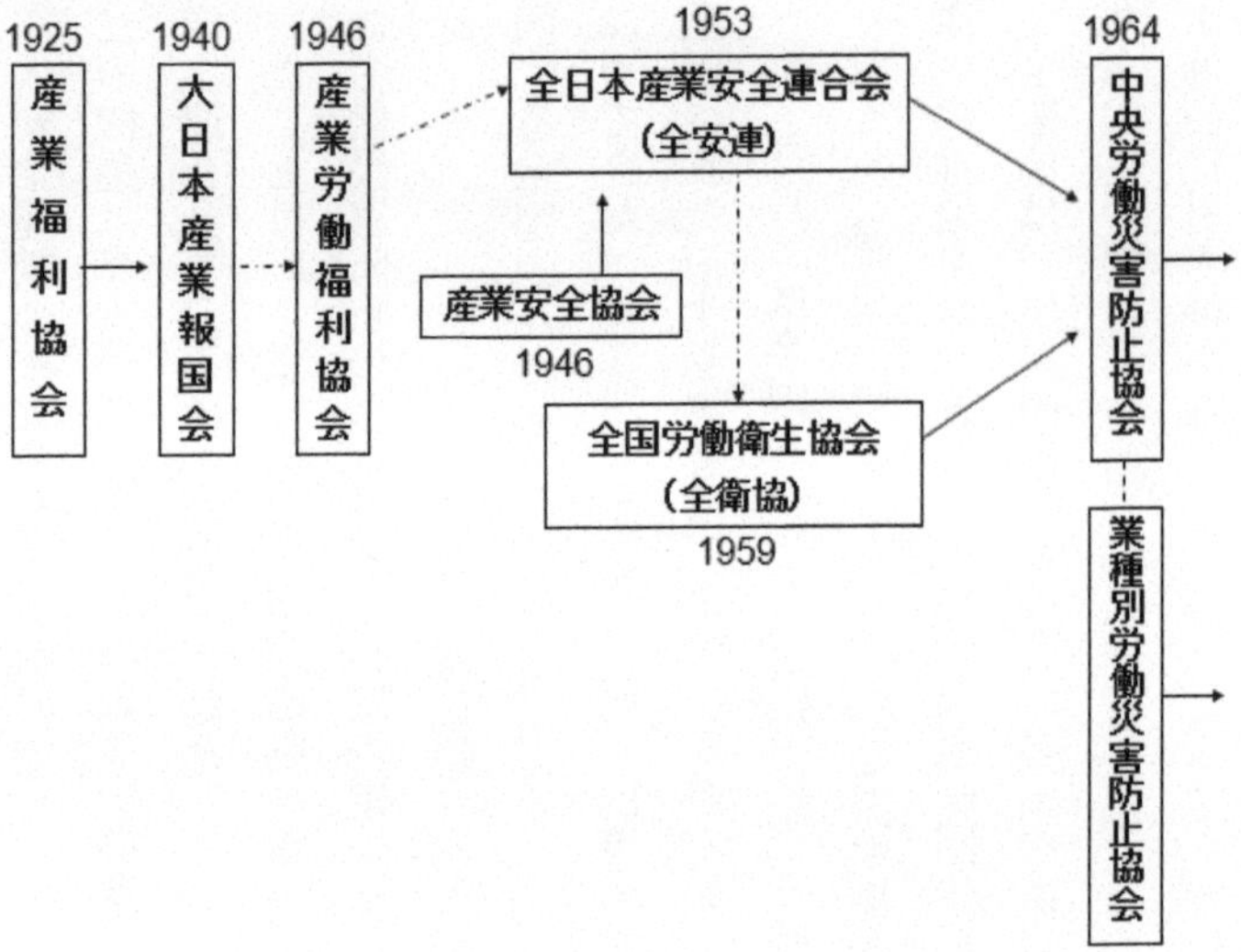

図5　民間労働災害防止団体の変遷

健康』が新たに発行されるまで刊行され続けた。また、全衛協は、全国労働衛生大会の開催、各種講習会の開催、労働衛生関連の単行本やテキストの発行など活発な活動を続けた。

全衛協は、一九六一(昭和三六)年、労働科学研究所から労働衛生の草分け的存在で、この道の権威であった久保田重孝博士を招いて、健康診断を行う健康管理部及び有害物の毒性研究を行う研究調査部を設置し、中小企業に対する健康診断の実施、化学物質の毒性調査などを行うこととした。後に述べるニトログリコール中毒、芳香族アミンによる膀胱がん、キーパンチ作業による手指障害など新しい職業病が次々と問題となる中で、これらに対する研究に大きな貢献をした。

全安連及び全衛協は、１の⑵に述べた中央労働災害防止協会の設立とともに発展的に同協会に業務を引き継いだ。

13　日本労働衛生工学会の設立―一九六一（昭和三六）年―

従来の労働衛生は、どちらかというと防疫中心に展開されていたが、この時代に至り新しい原材料・作業方法による職業業が多発するようになった。その悲惨な職業病患者の実態をみると職業病に罹った人を治療するのではなくて、そのような職業病に罹らない作業環境をつくることが労働衛生の使命という認識が徐々に浸透してきた。そのためには従来の衛生管理者の活動に加えて、工学技術者の積極的な参加を求め作業環境改善を行う必要があることから、新しい分野として労働衛生工学を確立しようとする動きが高まってきた。この動きに呼応して一九六一（昭和三六）年十月に「日本労働衛生工学会」が発足した。

この学会は、医学部門と理工学部門の関係者が作業環境改善技術に関する学術研究の成果を発表しあって交流しようという場であり、最近では、わが国の労働衛生管理の一つの柱である「場の管理」、すなわち作業環境測定とその結果の評価に基づく作業環境管理の基礎的な研究が発表されている。

第五章　高度成長から安定成長へ―昭和四十年代―

いつの間にか「集団就職」という言葉を耳にしなくなった。また、義務教育（中学校）を卒業して就職する人が「金の卵」といわれて企業から重宝がられた時代があったことを懐かしく思うこともある。

「集団就職」という言葉は、一九五四（昭和二九）年に開始された「集団就職列車」に由来するといわれている。集団就職列車とは、関係する県が企画し（一九六二（昭和三七）年からは日本交通公社が企画）、当時の国鉄が協力して仕立てた臨時列車で、義務教育を終えたばかりの少年・少女たちを乗せると、途中駅には停まらずに目的地の大都市に直行するものであった。

労働省の統計によれば、集団就職者の数は一九六三（昭和三八）年から一九六五（昭和四十）年にピークに達した。その数は一九六三年が七万八千人、六四年が七万六千人、六五年が七万三千人であったといわれ、この三年間の合計は約二十三万人であった。これは団塊世代といわれた人々が中学校を卒業したときであった。最近、団塊の世代が「後期高齢ないと思う。

者」といわれているのを聞いて、年月の過ぎ去る速さをひしひしと感じるのは私だけでは

「金の卵」とは、一九六四（昭和三九）年、東京オリンピック前後の高度経済成長の真っただ中で労働省が中卒・高卒の労働者をそのように呼んだことから一般化したという。その年の新規高卒者の求人倍率は五・一六倍、中卒者は三・四一倍にもなっていた。この数字からも労働力の逼迫が想像されよう。

このように昭和四十年代（一九六五〜一九七四年）は、労働力不足という制約を抱えながらも高度の経済成長を続け、一九六九（昭和四四）年の国民総生産は千四百十九億ドル（約五十二兆七千億円）に達し、自由世界では当時の西ドイツを抜き米国についで世界第二位の経済大国となった。

しかし、一九七一（昭和四六）年八月十五日にニクソン米大統領が「ドルショック」といわれるドル防衛策を発表したのに端を発し、国際通貨体制は根本から揺るがされた。これに応じて円相場も一ドル三百六十円から一挙に三百八円と高騰し、わが国の産業活動に深刻な影響を及ぼしたことはいうまでもない。さらに一九七三（昭和四八）年二月十四日、石油輸出機構（OPEC）は、原油の公示価格を値上げする決定を行い、同月十八日には国際

石油資本は輸入価格値上げを通告してきたため、エネルギー危機が一挙に表面化して、「オイルショック」として全世界に衝撃を与えることとなった。このことはわが国でも例外ではありえず、従来の高度経済成長は安定成長路線に大きく進路を変更せざるを得なくなった。

私事で恐縮であるが、序章に述べたとおり、私は、わが国経済が高度の成長を続けていた最中の一九六六（昭和四一）年四月、労働省の一員に加えていただいた。

私は、一年間の四日市労働基準監督署での勤務のあと、一九六七（昭和四二）年四月に労働省労働衛生課に配属となった。当時の労働省労働衛生課は、課長の下に庶務、化学、医学及び労働衛生工学の四つの班があり、それぞれの班は、課長補佐、係長及び係員の三人で構成されていた。したがって課長以下総員十三人から成るこぢんまりとした課であった。現在の組織に比べると極めてすっきりした組織であったといえる。

当時の労働衛生課のメンバーは専門家の集団で、課長をはじめ各課長補佐は、労働衛生行政一筋に十五〜二十年のベテランであった。上司から新人まで巻き込んで自由な雰囲気で盛んに行政施策の議論がなされていた。新しく労働衛生行政に加わった者を後継者として教育しようという空気にも満ちていたように思う。

当時の労働衛生課長は鹿児島県のご出身であった。新人の私にお話しになるとき、親愛の情を示すため、わざと鹿児島弁でお話しになることが多かったと思うが、

「後藤君、今忙しいかい？　時間があったら、おいドンと少し議論しないかい」

「はい！　課長、何でしょうか？」

「いや、大したことではないンだがナ。○○について、おいドンはこう考える。君はどうかね。おいドンのような年寄りの言うことに『はい、そうですか』では能がない。君の思ったことを言って見給え。おいドンは君の反論を期待しているンだがナ」

「私は、△△のように思います」

「うん、君はいいことを言う。君の言うことには一理はある。しかしだナ、おいドンは臍曲がりだから×××のように反論するよ。そう言われたら君はどう答えるかね？」

これが延々と続くのである。あたかも禅問答というか、哲学論争をしているかのようであった。

こうなると、当時、若かった私は必死に反論した。しかし、仕事にも人生経験にも豊富で、頭の回転の速い課長は、直ぐに私が反論したことと反対のことを言われる。このようなことが終電車の時間まで延々と続いた日々を懐かしく思い出す。このような議論から素

晴らしいアイデアが浮かんでくることもあったし、こうして物事を多角的に考える頭に鍛えていただいたことは、その後三十年以上にわたって労働省で仕事をする上において貴重な財産となったことはいうまでもない。私は、入省以来このように御世話になった当時の労働衛生課長をはじめとする諸先輩に感謝の念を忘れたことはない。

申し遅れたが、四日市労働基準監督署の上司にも大変感謝している。その上司は教育的配慮に長けた方であった。一年間という短い期間ではあったが、労働基準行政の第一線の業務について多くのことをご教示賜った。この経験があったからこそ、労働省労働衛生課に配属されてから上司との長時間の議論にも耐えることができたし、また、議論をしていただけたものと考えている。

さて、昭和三十年代・四十年代（一九五五〜一九七四年）を「発展の時代」とし、第四章では「高度経済成長の幕開け」として、主に昭和三十年代（一九五五〜一九六四年）の労働衛生対策について述べた。これから述べる昭和四十年代（一九六五〜一九七四年）も、わが国経済は、後半にはドルショック、オイルショックなどの外因により、否応なしにその方向を大きく変えなければならなくなったものの、その前半は前の十年間に引き続き高度の発展を続けた時代ではある。急速な産業の進展は、労働力不足も伴って作業環境や作業方法を大きく変化させ、その労働者に及ぼす影響はさらに大きな問題として提起されてきた。特に労働力不足を背景として中高年労働者が職場にとどまる割合が増加し、さらに慢性疾患を持つ労働者の割合も増加した。このことは、今までのような健全な若年労働者を対象とした有害要因の排除のみを目的とした労働衛生対策では不十分で、増加する有害作業環境を無害化し、さらに環境の至適化を図り、それぞれの労働者にその作業を適応せしめることが必要であるとの認識が一般化してきた。

このような社会情勢に対応して、昭和四十年代（一九六五〜一九七四年）前半には数多くの職業性疾病予防対策の指針が示されたし、労働基準法に基づく労働衛生関係の労働省令も次から次へと制定された。これらが一九七二（昭和四七）年の労働安全衛生法の制定に受け継がれた。

1 新しい職業性疾病の出現

これから述べる「ニトログリコール中毒」や「キーパンチャーの腱鞘炎」の問題は、年代的には前章に属するが、新しい職業性疾病として、その多発した時代の本章で取りあげることにする。

(1) 新しい化学物質による障害
―ニトログリコール中毒予防のための緊急措置―一九六〇（昭和三五）年―

「マンディ・アタック（Monday attack）」（月曜発作）または「マンディ・ディシーズ（Monday disease）」（月曜病）とお聞きになったら何を想像されますか。「ブルー・マンディ」（憂鬱な月曜日）を連想される方も多いと思う。いうまでもなく「ブルー・マンディ」は「休み明けの月曜日は『また一週間仕事か』と思うと憂鬱になる」ところからきた言葉である。現代では、労働衛生の話題として「マンディ・ディシーズ」といえば「メンタルヘルス」の問題と取られる方も多かろう。ところが一九六〇年代に労働衛生に携わっていたものの間では、間違いなく「ニトログリコール中毒」を意味した。

ニトログリコール中毒の典型的な症例は、ダイナマイト製造作業に従事していた作業者が、突然、急激な狭心症のような発作を起こし、数分から三十分くらいで死に到るものである。しかし、一九五九（昭和三四）年にわが国で初めてこの症状により労働者が死亡して以来、しばらくの間、その原因がニトログリコール中毒であることがはっきりせず、その間にも何人もの犠牲者が出ている。ダイナマイト製造従事者で狭心症様発作により死亡した人の多くが、それ以前にはほとんど他覚所見が認められなかったこと、その狭心症様の発作が休日の翌日、つまり月曜日(当時は土曜日に仕事をすることは常識)の出勤前に起こることが多かったため、もしニトログリコール蒸気の吸入と狭心症様発作との間に因果関係があるなら、なぜ連続してばく露されているウイークデイか土曜日でなくて、ばく露のない日曜日を一日おいて月曜日の朝に発症するのだろう? 等々の疑問が先立ち、仕事との因果関係がはっきりしなかったことがあげられる。それが問題解決を遅らせる結果となってしまった。

言うまでもなく、ダイナマイトは、一八六六年にノーベル賞の創設者、スウェーデンのアルフレッド・ベルナルド・ノーベルによって作られた、ニトログリセリンを基材とした爆薬である。ノーベルの業績は、非常に爆発しやすいニトログリセリンをケイ藻土に吸収させて安全な爆薬(ダイナマイト)の製造に成功したことである。しかし、ノーベルの製造したダイナマイトは、安全な爆薬とはいうものの取扱いをひとつ誤ると爆発の危険があり、特に、主成分のニトログリセリンが凍結するような寒冷地においては、その危険性が大きかった。そこで寒冷地用のダイナマイトの凍結防止剤として少量のニトログリコールを添加して、より安全なダイナマイトとするようになった。また、寒冷地用以外のダイナマイトでも、ニトログリセリンにニトログリコールを混入することによってゲル状（羊羹状）となり安全性が増すため、次第に広く使用されるようになった。その後、石油化学の発達によりニトログリコールの大量生産が可能となり、安価に入手できるようになったこともあって飛躍的に大量に使われるようになった。そのうちにニトログリセリンより安価なニトログリコールの量を増してもダイナマイトの爆破性能はほとんど低下せず、安全性は増すため一時期はダイナマイト成分中の五十～六十％もニトログリコールが占めるようになったという。この頃から、上述のような月曜日の出勤前に心臓発作により死亡する労働者が急増した。

月曜日の出勤前の心臓発作による労働者の死亡原因とニトログリコール中毒の関連性について多少の混乱はあったものの、労働省では一九六〇（昭和三五）年十二月「ニトログリコール中毒予防のための緊急措置」として、作業場における換気装置の設置、労働衛生保護具の厳重な規制、ニトログリセリン中のニトログリコールの配合割合などについて基準を示した。

その他、技術の進展とともに職場に多くの化学物質が導入され、硫化水素、クロム、五塩化石炭酸、臭化メチル、水銀、ステアリン酸鉛、一酸化炭素、硫黄、亜砒酸、フェノール樹脂、四塩化炭素、ベンジジン、鉛、フタロジニトリル、テフロン、弗素などによる中毒が次々と報告されるようになった。労働省は、その都度、緊急的な指導基準を定めて行政指導に当たってきたが、それらを集大成して労働省令として法令による規制を行うこととなった。

(2) キーパンチャーの腱鞘炎――一九六四（昭和三九）年――

先日、インターネットのあるサイトで偶然に「キーパンチャー」についての書き込みを目にした。おおよそ次のような内容の記述であったと思う。

「古くはコンピューターのデータ入力の世界では『カード穿孔機』という機械を使ってデータを記録していた。英数字のキーをたたき、紙に穴を開けることでデータを記録する。この仕事をする人は、紙に穴を開ける（パンチする）のでキーパンチャーといわれた。最近はＩＴ化が進んだので、このような機械は何処にも使われなくなった。この時代にコンピューターのデータ入力をしていた人は、厳密に言えばキーパンチャーというよりはタイピストに近い。しかし、データ入力業界の末裔ということで、キーパンチャーでよいことにしよう」

この方の言っておられる「カード穿孔機」とは、「鑽孔(さんこう)タイプ」といわれたもので、この機械によってカードまたはテープに穴を開け、その穴のあいたカードやテープをコンピューターに読み込ませて入力していたものである。このカードやテープに穴を開ける仕事は、タイピストの仕事に近いが、その機械は欧文タイプライターを大型にしたようなもので、何しろカードまたは紙のテープに穴を開けるものであるから、現在のコンピューターのキーボードとは比べものにならないほどの力を必要としたことは容易に想像できよう。

当時のコンピューターの性能、価格、図体の大きさなどについて、現在のコンピューターに比べて、いかに初歩的なものであったかということは、世代を問わず何方にも容易に想像いただけよう。問題はコンピューターにデータを入れる作業が新しく出てきたことである。そして、その作業を行う人、すなわち「キーパンチャー」という職業ができて、それらの人の「腱鞘炎」の問題が大きくクローズアップされてきたことである。

これに対して、労働省は、穿孔作業管理（穿孔作業時間、休憩時間、平均生産タッチ数）、作業環境基準（騒音、照明、室温、作業場の広さ、休憩施設、作業姿勢）、健康診断などを定めた「キーパンチャーの作業管理基準」を一九六四（昭和三九年）年九月に定めて行政指導した。この作業管理基準は、キーパンチ作業が一般に行われている間、当該作業の基準として広く浸透していた。

(3) 金銭登録作業による頸肩腕症候群——一九七三（昭和四八）年——

昭和四十年代（一九六五〜一九七四年）は「流通革命」の時代ともいわれた。スーパーマーケットといわれる大型店が次々と出現し、それらが小売業の主流となってきた。それらのスーパーマーケットでキャッシャーといわれた金銭登録機を扱う労働者の中に頸部、肩、上腕、前腕、手、指などに筋のこり、痛み、痺れ等の症状を訴える者が多く現れ大問題となった。これは「金銭登録作業による頸肩腕症候群」として、その予防対策は国会において度々議論されたし、関係労働組合から労働省へも早期に有効な対策を取るべく多くの要請があった。関係労組からの要請の際には、実際に頸肩腕症候群に苦しんでおられる方も多く参加されて、その苦痛を訴えられていたし、要請の話し合いが長時間に及ぶときは、必ずといっていいほど一〜二名の方が救急車により病院に運ばれる事態となったほど深刻な問題であった。

労働省は、一九七三（昭和四八）年十二月に「金銭登録作業要領」を定めて強力な行政指導を行った。その後、長い間、スーパーマーケットの金銭登録作業はこの作業要領に従って管理されてきたが、その後、金銭登録機自体の改善が進み当該作業も随分変わったものと考えられる。

私は、当時、労働衛生課の業務第二係長を拝命していたが、先輩中央労働衛生専門官のお手伝いでいくつかのスーパーマーケットを訪問し、金銭登録作業の実態を調査したし、実際に作業を行っておられた方からも直接お話を伺ったことを覚えている。

現在の金銭登録機は、商品に付けられているバーコードを赤外線で読む方式が多く取り入れられているし、人力で入力するにしてもフェザータッチといわれるキーや画面を触るだけのものが主流であるが、当時は相当強い力でキーを押さなければならなかった。また、キャッシャーの仕事は、短時間で現金を正確に処理しなければならないため、その精神的なプレッシャーも相当なもので、金銭登録作業に一日中従事することは、我々がスーパーマーケットに買い物に行ってお金を払うときに見ている作業以上に厳しいものであることを痛感した。

なお、最近ではキャッシュレス化が進みつつあるが、金銭登録作業を行う人々の労働負荷の軽減になると期待できる。

(4) 振動工具による障害

—チェーンソー使用に伴う振動障害の予防—一九七三（昭和四八）年—

古くはいかなる大木でも鋸と斧で切り倒していたはずである。近年、技術の進歩により「チェーンソー」なるものが開発され、森林の伐採作業は極めて能率よく行うことが出来るようになった。反面、このチェーンソーを使用する作業者に振動による手指障害（レイノーズ症候群、血行障害により指が白くなるため『白蝋病』ともいわれる）が発生し大問題となった。

労働省は、チェーンソーによる振動障害問題の発生以来多くの作業基準を定め、その予防に努めてきた。現在の作業基準は、一九七三（昭和四八）年十月に定められた作業基準を基本に一九七五（昭和五十）年十月に一部改正され、さらに二〇〇九（平成二一）年に大幅に改正されて、現在に至っている。

また、さく岩機、チッピングハンマー、リベッティングハンマー、コーキングハンマー、ハンドハンマー、ベビーハンマー、コンクリートブレーカー、スケーリングハンマー、サンドブラスト等のチェーンソー以外の振動工具で振動障害発生の恐れのあるものの取扱業務における作業基準についても一九七四（昭和四九）年一月に定められ、チェーンソーの場合と同様に一九七五（昭和五十）年十月に一部改正されたが、こちらは二〇〇九（平成二一）年に廃止され、新しく「チェーンソー以外の振動工具の取扱い業務に係る振動障害予防対策指針が公表され、現在に至っている。

なお、振動障害予防対策、補償対策、社会復帰対策等、振動障害に関する対策を総合的に推進するとして「振動障害総合対策要綱」が定められている。

チェーンソーによる振動障害は、当初は手指の血行障害（白蝋病）が問題とされていたが、次第に手指にとどまらず全身障害も提起されるようになり、ますます大きな問題となった。労働省は、前記の作業基準による行政指導に加え、一九七七（昭和五二）年に排気量が四十立方センチメートル以上の内燃機関を内蔵するチェーンソーは、労働大臣の定める規格（構造規格）を具備すべき機械に指定された。

現在の指導基準が出される遥か前のこと、私が労働省に入って間もない頃、先輩から「国有林でチェーンソーを使って木材の伐採をしている労働者が白蝋病に罹って困っている。

国有林の作業者は国家公務員だが労基法の適用がある。その予防対策を考えてくれ。考えるということは予防対策の通達を書くことだ」と命じられた。「分りました」と答えたものの、見たこともないチェーンソーの振動障害予防対策といわれてもどうしたらいいのか皆目見当が付かなかったが、伝手を頼って林野庁に電話したところ、思ったより簡単に「林野庁には多少の資料もあるからいらっしゃい」との返事であった。

とにかく林野庁に行き、チェーンソーと林野庁における対策についてご教示賜った。その時にはじめて「チェーンソー」を見せてもらった。「チェーンソー」というのは機械の名称で「ソーチェーン」というのが実際のチェーンであることすら知らなかった。実際のチェーンソーに触ってみて振動のすごさに驚くとともに、ソーチェーンの磨き方（目立て）が悪いと作業者に余分な振動が伝わることなど多くの目新しいことを学んだことを覚えている。それから四苦八苦して先輩のお知恵も借り、一九六七（昭和四二）年十月の「チェーンソーの防振対策について」という通達になった。

今から考えると、この当時のチェーンソーは、未だ発展途上の機械で、その後、機械自体の性能の向上はもちろん使用される範囲も広がり、振動障害の問題もさらに拡大した。一九六七（昭和四二）年に私が直接携わった通達の三年後（一九七〇年）に新しい指導基準が出され、その後前述のような改正を経て、現在の指導基準へと集大成された。

2　行政の対応

(1)　行政組織の充実

わが国の労働災害発生件数は一九六一（昭和三六）年に最悪を記録し、労働災害防止が大きな社会的な要請となったことに鑑み、政府は一九六四（昭和三九）年、労働災害防止団体法を制定して中央労働災害防止協会ほか五つの主要産業の労働災害防止団体も設立したことは第四章で述べた。

一九六五(昭和四十)年四月、労働災害防止対策に関する事務の円滑な遂行を期するため、労働省労働基準局に労災防止対策部が設置された。これにより労働安全衛生行政は、従来、安全課及び労働衛生課の二課により施行されていたものが、労災防止対策部長の下に安全課及び労働衛生課の二課と現在の計画課に相当する調整官室が設置されて、実質三課体制となり充実された。

さらに、一九六七（昭和四二）年八月、労働基準局労災防止対策部は発展的に安全衛生局に昇格した。この時、調整官室は計画課となり、安全衛生局長の下に計画課、安全課及び労働衛生課の三課体制となった。

しかし、こうして社会の要請により期待を持って設置された安全衛生局であったが、翌一九六八（昭和四三）年六月、政府が一省一局削減という行政機構簡素化の方針を打ち出したことにより、設置後わずか十カ月余りで廃止された。労働省安全衛生局の組織はそのまま労働基準局安全衛生部となり現在に至っている。

なお、その後も労働災害防止に関する社会的ニーズはますます高まるばかりで、安全衛生部の中に化学物質調査課（現在の「化学物質対策課」）、環境改善室、建設安全対策室などの省令室の設置など組織の充実は図られてきた。それらについては昭和五十年代（一九七五～一九八四年）以降のことであるため、後の章で述べることとする。

(2) 法令の制定

昭和四十年代（一九六五～一九七四年）に制定された法令のうち、炭鉱災害による一酸化炭素中毒症に関する特別措置法及び四アルキル鉛中毒予防規則（いずれも一九六八（昭和四三）年）については前の時代の法令との関連においてすでに述べた。

その他の法令（労働基準法に基づく労働省令）としては、①鉛中毒予防規則、②建設業附属寄宿舎規定、③事務所衛生基準規則、④酸素欠乏症防止規則、⑤特定化学物質等中毒予防規則などがある。

(ア)　鉛中毒予防規則──一九六七（昭和四二）年──

鉛中毒は、国内・国外を問わず古くから問題とされていた職業病である。労働省では、その鉛中毒を予防するための対策として、従来から作業環境測定技術及び発散抑制技術（局所排気装置の設置など）等労働衛生工学的技術の開発、医学的知見の集積や健康管理技術の検討等の調査・研究に努めてきたが、それらの成果を踏まえて一九六七（昭和四二）年三月に鉛中毒予防規則を制定した。

(イ)　建設業附属寄宿舎規程──一九六七（昭和四二）年──

一九四七（昭和二二）年に制定された事業附属寄宿舎規程は一般の工場・事業場の寄宿舎を対象としているが、建設業附属寄宿舎規程は、建設業の寄宿舎、すなわちその場所での工事（事業）完了とともに解体の予定されているもの、いわゆる「飯場」を対象としている。一般の工場の寄宿舎に比べ多少緩い規定もあるが、ほぼ、同レベルの基準が適用されることとなった。

(ウ) 事務所衛生基準規則――一九七一（昭和四六）年――

労働安全衛生規則の施行（一九四七（昭和二二）年）以来、建設物内の衛生環境については、工場、事務所の別を問わず同じ基準が適用されてきた。その後、人口の都市集中、建設技術の進歩による建設物の大型化や気密化が進められるなかで、その外観・内装等の進歩に比べ、ビル内部の環境衛生の不備による室内空気の汚染などが大きな問題となったため、一九七一（昭和四六）年に労働安全衛生規則に定められている衛生基準に事務所に特有な事項を加えた事務所のみを対象とした衛生基準が制定された。

④酸素欠乏症防止規則の制定及び⑤特定化学物質等障害予防規則については、次章で詳しく述べる。

(3) その他の労働衛生施策

(ア) 労働衛生モニター制度の創設――一九六五（昭和四十）年――

外部の専門家による知識、経験を行政に反映させるため、一九六五（昭和四十）年に「労働衛生モニター制度」が創設された。全国の病院や診療所で実際に診察にあたっておられ、かつ労働衛生に関心を持っておられる医師に「労働衛生モニター」を委嘱して、外来患者のうち職業との関連が疑われる症例を三カ月ごとに労働省に報告してもらおうというものである。この制度により疾病と作業の関連が明らかになり、その後の職業性疾病の予防に貢献した事例は多い。

(イ)　労働衛生指導医制度の創設――一九六八（昭和四三）年――

この制度も外部の専門家による知識、経験を行政に反映させるために設けられた制度で、一九六八（昭和四三）年に発足したものである。現在では労働安全衛生法第九十五条に定められている。

(ウ)　衛生工学衛生管理者制度の創設――一九六六（昭和四一）年――

労働安全衛生規則の中で「衛生管理者」の制度が設けられたことは既に述べた。一九六六（昭和四一）年に「衛生工学衛生管理者」の制度が導入された。従来の衛生管理者は国家試験に合格することが条件で学歴は問題とされていなかった。産業の進展とともに衛生管理者の職務に有害職場環境改善のために工学的対応の必要なものが増えてきた。一方、衛生管理者は国家試験合格が条件であったため、必ずしも工学的な知識・経験がなくて試験に合格できたし、もっぱら健康診断等の実施計画の策定、衛生委員会の運営など「管理」のみを行っていた衛生管理者も少なくなかった。そこで衛生管理者を複数選任しなければならないような規模の事業場で有害業務を有する職場の衛生管理者は、少なくとも一人を「衛生工学衛生管理者」免許を有する者としなければならないこととされた。

制度の発足当初は、特に理学・工学の技術が重視され、理学・工学的バックグラウンドを有する者が衛生管理者試験に合格すれば「衛生工学衛生管理者」免許が得られるほか、理学・工学的バックグラウンドを有する者は一定の講習を終了すればこの免許は得られた。その後、理学・工学のバックグラウンドのない第一種衛生管理者免許を有する者も所定の講習を修了すれば衛生工学衛生管理者免許が得られる等の制度改正が行われたものの、衛生工学衛生管理者に期待される主な職務は作業環境改善の工学的対応であることに違いはない。

(エ) 衛生管理者選任対象の拡大――一九六六(昭和四一)年――

衛生工学衛生管理者制度の導入と同時に衛生管理者の選任を要する事業場の規模が従来の五十人から三十人とされた。しかし、この制度は施行されたものの、三十人規模の事業場に国家試験に合格した衛生管理者の選任を義務付けることは酷であるとの世論が大勢を占め、一九七二(昭和四七)年の労働安全衛生法の施行時に、また以前の五十人以上に戻された。

(ｵ)　有害業務の範囲――一九六八（昭和四三）年――

第三章に「一一七八号通達は、労働基準法施行規則第十八条、女子年少者労働基準規則第十三条及び労働安全衛生規則第四十八条の有害業務の範囲を示したもので有害化学物質の作業環境濃度の限界を恕限度としていた」と述べた。有害業務の範囲をより明確に示すため一九六八（昭和四三）年、「労働基準法施行規則第十八条」の解釈は、有害業務作業を具体的に示すことにより行うこととされた。これは「作業列挙方式」と言われ、関係者にとって行おうとする（行っている）作業が有害業務か否かを容易に判断することできるようになり、必要な対策が迅速に取れることとなった。

３　健康診断の質向上のために

(1)　特殊健康診断検査法の確立―一九七〇（昭和四五）年―

労働省は、一九五六（昭和三一）年に特殊健康診断指導指針を公表して指導してきた。また、一九六〇（昭和三五）年に公布された有機溶剤中毒予防規則では有機溶剤健康診断の実施を定めた。しかし、それらの健康診断手法が確定されているわけでなく、慣用とされている一般臨床診断手法によって行われていた。

労働省は、一九六六（昭和四一）年に「特殊健康診断検査法に関する研究委員会」を設置し、特殊健康診断における標準的な手法を開発することとした。この成果は一九七〇（昭和四五）年に「特殊健康診断検診法」として公表された。

(2) 全国労働衛生検診機関連合会の発足

中小企業の衛生管理水準は全国的に見て極めて低く、健康診断は外部の検診機関に頼らざるを得ない状況にある。しかしながら、この公益的事業であるべき検診機関が経営基盤も脆弱で信頼できるものが少なかったため、優良な検診機関の育成が望まれていた。一九六九（昭和四四）年に一部有志の発議により「全国労働衛生検診機関連合会」が発足した。現在の公益社団法人　全国労働衛生団体連合会（全衛連）の前身である。

このようなバックグラウンドのもとに一九七二（昭和四七）年、労働安全衛生法が制定された。労働安全衛生法制定の前後については、第七章で述べる。

第六章　酸素欠乏症対策と有害化学物質規制—昭和四十年代後半—

一九七〇（昭和四五）年三月十五日から九月十三日まで、日本最初の万国博覧会となる日本万国博覧会（大阪万博）が、百八十三日間にわたり「人類の進歩と調和」をメインテーマに大阪千里丘陵において開催された。期間中に六千四百二十二万人もの人が万博会場を訪れたという。確か、大阪万博の見ものは「月の石」であったと思う。大阪万博当時のわが国は好調な経済発展に支えられて国民全体が活気に満ちていた時代であった。

さて、今回は、その大阪万博の前後から労働安全衛生法制定までの労働衛生対策について述べることとする。

1　酸素欠乏症防止対策

(1)　続発する酸素欠乏災害

一九六七（昭和四二）年、私が労働省労働衛生課に配属となって間もないころ、東京都内の某製薬メーカーで、清掃したタンクの内部に乾性油を塗布して数日間放置した後、次の製造原料を仕込むためにタンク内に入った労働者が倒れるという災害が発生した。また、時を同じくしてある製紙メーカーで、原料混合チェスト（原料を混合しながら溜めておく大きな槽）の内部の清掃作業に従事していた労働者が倒れるという災害が発生した。いずれの災害も酸素欠乏（酸欠）が原因ではなかろうかということであった。

古井戸の中は長い年月の間に炭酸ガスが溜まり相対的に酸素濃度が低下するから危険といわれているなど「酸欠」の危険性は古くから認識されていた。私も子供のころから「窒息」という言葉をしばしば聞いていた。当時の私の理解では「酸欠」＝「窒息」であった。

この「酸欠」が労働衛生の重大問題として大きくクローズアップされるようになったのは、昭和三十年代の半ばに東京都内の建設現場で圧気工法から洩れた酸欠空気が付近のビルのトイレに噴出するという事故が発生してからであるという。この災害は当時、マスコミで大きく取り上げられた。圧気工法による建設工事が頻繁に行われるようになったのもこのころからであったであろう。

労働省労働衛生課では、ことの重大性をいち早く認識して酸素欠乏に関する情報収集、予防対策の検討を行っていた。また、東京労働基準局でも、酸欠空気の噴出という災害を契機に、一九六二（昭和三七）年に「酸欠調査委員会」を設けてその防止対策の検討を進めていた。

(2) 酸素欠乏症防止対策策定のご下命

立て続けに発生した前述の二件の災害を契機に、当時、新人の私に「早急に酸欠の勉強をして防止対策をまとめてみろ」という命令が下った。この時の私の酸欠についての知的レベルは前述のように「酸欠」＝「窒息」程度であった。先輩係長殿は、それを見透かしておられてのことと思うが「酸欠の発生する原因はいろいろある。特に、毎年、これからの時期（そのときは六月はじめころであったと思う）のように暑くなるとしばしば災害が起こっている。労働衛生課で今までに検討を行った結果はこの綴りにあるから、よく勉強するように。書類を読んで解らないところは東京局が調査委員会の委員にお願いした先生の話を聞くといい。労働衛生課としては、なるべく早い時期に規則（省令）を制定する方向で動いているから、そのつもりでしっかりやってくれ」といって大きな書類を渡された。

当時、労働衛生課は「古くて新しい職業病」といわれ労働衛生の最大の課題である「じん肺」、次々と報告される「化学物質による障害」、チェーンソーの普及とともに問題となり始めた「振動障害」など多くの課題を抱えていた。新人の私は先輩諸兄のお手伝いをすることが主な任務であることは当然であるが、酸欠問題は当面、対策のドラフト作成を私に任されたような格好になった。当時の課長や諸先輩が「よくも新人の私に任せてくれたなぁ」とも思われたが、任された私は少なからず張り切ったのも事実であった。

(3) 酸欠原因のいろいろ

先輩から渡された綴りには昭和三十年代前半から全国各地で発生した酸欠災害の調査結果や、一九六二（昭和三七）年に東京労働基準局に設置されて検討が進められていた「酸欠調査委員会」の検討結果も入った膨大なものであった。これは私の「酸欠」＝「窒息」の常識を大きく超えたものであった。

役所での仕事のこと、雑用もあるため酸欠の勉強にかかりきりというわけにはいかなかったが、時間の許す限り渡された書類に目を通し、先輩から紹介してもらい地質学、労働衛生工学（特に換気）の専門家や酸欠災害を起こしている業界団体に通って私なりに酸欠についての理解を深めていったことを覚えている。

酸欠について勉強するに従って、思いもよらなかったところでも酸欠が起こっていることに驚いた。一番びっくりしたのは関東ローム層といわれる東京の地層の下の砂れき層は酸素を吸うことであった。そのため圧気工法の空気がその部分を通って漏れると付近のビルに酸欠空気が噴出することや、低気圧通過時に地層の中に溜まっていた酸欠空気が滲み出して立抗、ずい道などの中で作業していた労働者が酸欠により倒れる災害が発生することが分かるなど、目新しいことばかりであった。

(4)　最大の問題点

この時すでに、先輩から渡された綴りの中には酸欠災害が実際に発生した場所として、表現の仕方に多少の違いはあるものの、現在の労働安全衛生法施行令別表第六に載っている「酸素欠乏危険場所」とほぼ同じ作業場所が挙げられていた。当時の一般的な考え方として、法令による規制は実際に災害が起こっているものについて行うことが第一の条件であった。毎年、全国各地で発生した酸欠災害の調査結果はファイルしてあり、それらはすでにリストアップされていた。そのリストに入っていないような災害事例がないかということをチェックしなければならないが、規制の対象は決まっているようなものである。

そこで、私の当面の仕事はそれらの酸欠災害の発生した場所における対策を考えることであった。それから二、三カ月、私は上司・先輩、専門家の先生の教えを乞い、あわよくば規則（省令）になるかもしれないという期待をもって仕事に取り組んだ。

さて、対策の第一歩は、現在の酸素欠乏症等防止規則第三条第一項に規定されているように「酸欠の危険ある場所へ立ち入る前に酸素濃度の測定を行うこと」であると考えられた。しかし、今では想像も出来ないことだが酸素濃度を的確に測れる測定機器が皆無に近かった。

今でも原理は同じであるが「ガルバニ電池」というもので酸素濃度は測れることになっていたし、確かに「酸素計」というものは市販されていた。私は幾つかの酸素計メーカーや酸素計を扱っている会社に赴き実際に酸素濃度を測らせてもらったが、いずれの酸素計も当初二十一％（通常の空気の酸素濃度）を示していたものを十八～十六％の酸欠空気の中に入れたとき、それらの機器の示す酸素濃度はじわじわと低下し、その示度が落ち着く（酸素濃度を最終的に示す）のは数分たってからであった。中には十分以上かかるものもあった。これでは作業現場での酸素濃度の測定を法令により事業者に義務付けるには問題があると思われた。

作業場所の換気とか、監視人の配置など、その他の対策は、そのためのコストがかかるということはあるにせよ、行って出来ないものではないと考えられた。何といっても最大の問題点は酸素濃度を的確に測れる機器を見つけることが難しいということであった。

(5) ガイドライン（酸素欠乏症防止対策要綱）の公表──一九六八（昭和四三）年──

当時の労働衛生課では、ご下命を受けている事項の進捗状況を、上司・先輩に集まってもらって自由な雰囲気の中で随時報告し、ご意見を賜るというしきたりになっていた。私も酸欠問題についてある程度まとまった段階で報告した。上司・先輩からは、現在、われわれの所有している情報をもとにまとめたものにしてはよく出来ているとのお褒めはいただいたが、いろいろな議論の末、労働衛生課としてこの時点で酸欠防止対策を法令により事業者に義務付けることは時期尚早との結論となり、ひとまずガイドラインを出して行政指導を行おうということになった。それが、一九六八（昭和四三）年十一月に公表された「酸素欠乏症防止対策要綱」である。

当時の課長は、それから長い間、私を外部の人に紹介していただく際には決まって「このコは酸欠則の原案作成者」と言ってくださった。光栄である。

(6) 酸素欠乏症防止規則の制定——一九七一（昭和四六）年——

酸素欠乏症防止対策要綱が公表されてから三年が経過した一九七一（昭和四六）年十一月に、労働基準法に基づく労働省令として、この要綱とほぼ同じ内容の「酸素欠乏症防止規則」が制定された。この三年間の行政指導により関係者への要綱の浸透は予想以上のものであったし、酸素計の進歩も著しかったため、同規則は混乱なく施行された。同規則はその翌年、労働安全衛生法の施行に伴って同法に基づく省令となった。

(7) 酸素欠乏と同時に発生する硫化水素中毒

その後、関係者の努力の結果、酸欠災害は減少傾向を辿ったが、し尿処理場や製紙工場等で酸欠と同時に発生する硫化水素中毒と思われる災害が多発した。そのため一九八二（昭和五七）年五月に硫化水素中毒防止も考慮にいれた「酸素欠乏症等防止規則」（規則の名称に「等」が入った）に改正された。

2　有害業務の範囲の明確化
―労働基準法施行規則第十八条の解釈―一九六八（昭和四三）年

前章でも述べたが、本書の第三章に「一一七八号通達（労働衛生の古典）」を紹介した際に「一九四八（昭和二三）年八月十二日付けで『労働基準法施行規則第十八条、女子年少者労働基準規則第十三条及び労働安全衛生規則第四十八条の衛生上有害業務の取り扱いについて』という通達が出され、それぞれの規則の条文解釈と行政上の取り扱いが示された。その中で有害化学物質の作業環境濃度の限界を「恕限度」という、いわゆる「許容濃度」で示されていた」と述べた。この考え方は、働く人が有害物質にばく露される程度を一定限度以下に抑えようということであり、労働衛生対策を講ずる上では理論的に至極当然のことである。しかし、この方式によれば有害物質を取り扱う作業場で働く労働者が労働基準法施行規則第十八条により八時間を超える二時間以上の時間外労働を行うことが規制されるか否かということを判断する場合に、当該作業環境中の有害物質の濃度を把握しなければならないこととなる。このことは昭和二三年に一一七八号通達が示された当時から問題提起されていた事項である。信頼できる測定方法が開発されていなかった時代であるから、これも至極当然な議論である。

一方、一九六〇（昭和三五）年に制定されたじん肺法（じん肺法施行規則）や有機溶剤中毒予防規則、一九六八（昭和四三）年に制定された鉛中毒予防規則では、それらの反省に立って規制対象となる作業（粉じん作業、有機溶剤業務、鉛業務）を列挙して規制対象を明確にしている。また、後のことであるが一九七八（昭和五三）年に制定された粉じん障害防止規則（粉じん障害防止規則は労働安全衛生法に基づく省令）もじん肺法（じん肺法施行規則）と同様に規制の対象となる粉じん作業を列挙している。この規制対象となる作業を明確にする方法は、一一七八号通達の「恕限度方式」に対し「作業列挙方式」といわれ、規制対象の分かりやすさから有機溶剤中毒予防及び鉛中毒予防が関係事業場に浸透するのに大きな貢献をしたといわれている。そのため労働衛生対策は、出来る限り作業列挙方式によりその対象を示そうという機運が高まっていた。

そこで労働省では一一七八号通達の恕限度方式を出来る限り作業列挙方式に改めて労働衛生関係の法令の浸透を図ろうとする努力がなされた。しかし、複雑多岐にわたる労働衛生上問題とされる作業を、すべて列挙することは極めて困難な作業であった。労働省は、一一七八号通達の示している三つの規則に共通した有害業務の範囲の解釈を作業列挙方式により示すことは見送り、一九六八（昭和四三）年七月二十四日付けをもって、当時、緊急性を帯びていた（当該条文の適用があるかないかの争いが多かった）労働基準法施行規則第十八条の解釈を先行して示した。

したがって、この通達は労働基準法施行規則第十八条により八時間を超える二時間以上の時間外労働が適法か否かの判断が示されたものであるが、同じ内容の条文を有する当時の女子年少者労働基準規則第十三条及び労働安全衛生規則第四十八条の解釈においてもこの通達の解釈が参考となったことはいうまでもない。また、一九七二（昭和四七）年に制定された労働安全衛生法に基づく省令中の条文には、この通達の内容が多く盛り込まれている。

3　有害化学物質規制

(1)　公害防止の関心の高まりと労働衛生——昭和四十年代前半——

一九六七（昭和四二）年八月、公害基本法が公布された。翌一九六八（昭和四三）年には大気汚染防止法及び水質汚濁防止法が制定されるなど公害防止関連の法律の制定が相次ぎ、国民全般の公害に対する関心が急激に高まってきた。

従来の労働衛生管理の考え方は、事業場内の作業環境改善を行って労働者が職業性疾病に罹ることを予防することを目的としており、有害物質を製造または取り扱う作業場に関していえば、当該有害物質の作業環境中の濃度を減少させることが主目的であったといえる。したがって、それらの有害物質を作業場内で捕捉して作業場外に排出する場合、事業場外に出すまでが労働衛生管理の対象で事業場境界線から外は公害防止関係の守備範囲との考え方が一般的であったといえる。

しかし、公害問題が深刻化するにつれて、人々の有害物質に関する関心が高まり、工場・事業場から排出された有害物質が公害を引き起こすなら工場・事業場内でそれらの有害物質を製造・取り扱っている労働者は公害のレベルと比べものにならないほどの高濃度の有害物質を扱っていることになり、その危険性は一般公衆の受ける公害被害よりさらに大きいのではないかという素朴な議論が生じてきた。その結果、工場・事業場内での有害物質の管理は一層厳しく行うことが求められるようになった。その際、工場・事業場内の発生源での有害物質除去対策を用後処理施設と併せて整備することは、作業環境中の有害物質濃度を減少させ良好な作業環境の実現が可能となるし、同時にそれらの有害物質を工場・事業場の外に出さないようにすることも出来るから労働衛生管理として公害防止対策に積極的に参加すべきであるとの考え方が一般化してきた。いや、公害問題の深刻化につれて、従来の労働衛生管理の考え方のように工場・事業場の中が守備範囲でその中さえ良好に管理できておれば良いという考え方が許されなくなってきたといった方が正しいかもしれない。

そこで、労働省としても公害防止に寄与する行政を展開することとして、一九七〇（昭和四五）年に労働省労働基準局長から都道府県労働基準局長あてに「公害防止対策の推進について」という通達が示された。さらに一九七二（昭和四七）年に制定された労働安全衛生法の第二十七条第二項には「事業者の講ずべき労働者の危険又は健康障害を防止するための措置に関する省令を定めるに当たっては、公害その他一般公衆の災害で労働災害と密接に関連するものの防止に関する法令の趣旨に反しないようにしなければならない」と規定された。

(2)　全国一斉労働衛生総点検の実施―一九七〇（昭和四五）年八月―

一九七〇（昭和四五）年八月、労働省労働基準局長から都道府県労働基準局長あてに示された「公害防止対策の推進について」（前述）の通達の中で、全国一斉労働衛生総点検の実施が指示された。全国一斉労働衛生総点検の実施とは、全国の労働基準監督官及び労働衛生専門官、その他の職員合計約二千名を動員して、有害性が高く公害発生に関係のありそうな物質四十六種類を指定して、それらの物質を製造または使用している全国一万三千六百六十五の事業場（対象労働者数約六十五万人）に立ち入り、その設備の管理状況、排気・廃液の処理状況などの総点検を行うとともに、特殊健康診断の行われているものについては、その結果の調査も行った。

私は、当時、岡崎労働基準監督署に勤務していたが、この中央からの命令に従い、当時としては珍しい直読式の検知管を持って管内（豊田市・岡崎市・西加茂郡・額田郡）の事業場を回ったことを覚えている。

(3) 労働医学環境技術基準委員会――一九七〇（昭和四五）年――

前述の全国一斉労働衛生総点検の結果、有害物質取扱い事業場の全国的な分布状態、有害物質の排出処理の実態及びこれらの有害物質を取り扱う労働者の特殊健康診断の状況などがかなり明らかとなった。

労働省では、この総点検の結果を踏まえ、一九七〇（昭和四五）年十二月に十四名の委員（医学系及び工学系各々七名）から成る「労働医学環境技術基準委員会」（委員長・久保田重孝博士）を設置して有害物質の規制についての技術的、専門的な事項の検討を行った。この委員会は同月（一九七〇年十二月）と翌月（一九七一年一月）の二カ月という短い期間に精力的に会議を開き、慎重に検討した結果を一九七一（昭和四六）年一月二十一日に「有害物質による障害の防止のための当面の対策について」として報告した。

報告書では、（1）取りあげるべき有害物として、①障害発生の事例があること、②毒性が強くて重篤な障害の発生の恐れがあるものであること、③障害が多発する恐れのあるものであること、の三点をあげるとともに、（2）障害防止のための当面の対策として、①作業環境内の有害物の発散抑制措置を採ること、②そのための措置として、局所排気装置その他の発散抑制装置、排気・廃液処理施設の設置、有害物質の大量漏洩の防止、必要な作業管理、労働衛生保護具、有害性の表示、緊急時の救護体制の確立、などを挙げている。さらに同報告書は、これらの対策を実効あらしめるための施策についても述べている。

この報告書は労働省が特定化学物質等障害予防規則（以下「特化則」という）をまとめる際の方向に大きな示唆を与えたものであることはいうまでもない。この委員会の十四名の委員は当時のわが国を代表する産業医学及び労働衛生工学の専門家であった。そのような多忙な専門家による委員会であったが、わずか二カ月という短期間に頻繁に委員会を開催して前記の報告書がまとめられたのは、委員の先生方の格別なご協力とともに、有害物質の規制はそれほど緊急の課題であったことが伺える。

(4) 特定化学物質等障害予防規則――一九七一（昭和四六）年――

労働省では、この報告書をもとに省令案をまとめ、所要の手続を経て一九七一（昭和四六）年四月に労働基準法に基づく省令として「特定化学物質等障害予防規則」を公布した。同時に三件の告示「ガス等の濃度の値を定める件」、「健康診断の対象となるものを定める件」及び「特定化学物質等作業主任者講習規定」が公布された。この規則及び関連告示も一九七二（昭和四七）年の労働安全衛生法の施行に伴い同法に基づく省令及び告示となった。特化則の施行以来、この規則に定められている基準は有害物質規制に関する労働衛生対策の基本となっている。

蛇足ではあるが、本章の2において「作業列挙方式は規制対象の分りやすさから広く受け入れられ労働衛生対策に大きな貢献をした。そのため今後は出来る限り作業列挙方式によりその対象を示そうという機運が高まってきた」と述べた。しかし、特化則では作業列挙方式を採らず、規制対象となる有害物質を製造または取り扱う場所に一定の性能を有する発散抑制装置（局所排気装置など）を設けることを定めている。特化則の対象とする有害物質は、その種類、性状、有害性などバラエティーに富んでいるため規制対象作業を列挙することは困難であったと考えられる。一方、作業列挙方式を採用している、じん肺法（じん肺法施行規則）、粉じん障害防止規則、有機溶剤中毒予防規則、鉛中毒予防規則などは、対象とする有害物質の性状が似かよっている。しかし、特化則の場合も一一七八号通達の「恕限度方式」を採ったのではなく、規制対象となる有害物質を製造又は取り扱う場所ごとに発散抑制装置を設けることを定めたものである。規制対象物質に係る作業がどの程度の頻度で行われているかという「常時性」や取扱いの量の問題はあるものの規則の適用に関する疑問は少ないと考えられる。

この規則は、昭和五十年代（一九七五〜八四年）以降現在に至るまでしばしば重要な改正が加えられてきた。それらについては後の章で述べることとする。

(5) 特定化学物質に係る作業環境測定指針──一九七二（昭和四七）年──

労働省は特化則制定の準備とともに同規則の対象物質に係る作業環境測定手法を策定するため「作業環境における有害物の測定法に関する研究委員会」（委員長・坂部博之博士）

を設けて検討を重ねた。その成果をもとに一九七二（昭和四七）年七月、具体的な作業環境測定手法を「作業環境測定指針」として取りまとめるとともに「特定化学物質等障害予防規則に係る有害物質の作業環境気中濃度の測定について」として通達した。

一九七五（昭和五十）年に作業環境測定法が制定され、同時に労働安全衛生法第六十五条に作業環境測定基準による測定の実施、作業環境測定指針の公表などの条文が加えられたが、この一連の法改正の技術的基礎となったのは、この「作業環境測定指針」であった。

特化則対象ではないが、鉛については一九七二（昭和四七）年四月に「作業環境測定指針（気中鉛測定法）」が出されている。これは一九六八（昭和四三）年制定の鉛中毒予防規則に規定されている作業環境測定のガイドラインを示したものである。

なお、同じ名称で混同されやすいが、労働安全衛生法第六十五条第三項の規定により厚生労働大臣が公表することとされている「作業環境測定指針」と、ここでいう特定化学物質にかかわる「作業環境測定指針」とは別ものであるから念のため。ちなみに前者は現在まで公表されていない。作業環境測定法、同時に改正された労働安全衛生法第六十五条の規定については後の章で述べることとする。

4　地下街の実態調査―一九七二（昭和四七）年―

昭和三〇年代前半から都市における地下街の開発が著しく、それらの地下街で働く労働者も急増した。労働省では一九七二（昭和四七）年に環境管理の一環として、全国一斉に地下街の環境調査及び当該地下街で働く労働者の自覚症状の調査を実施した。この結果をもとに同年六月二十日「地下街労働対策要綱」を策定して「地下街における作業環境及び労働条件の改善について」を通達した。

この調査により、「地下駐車場で行なう入車受付け業務、出車受付け業務、料金徴収業務、自動車誘導等の場内業務及び洗車等のサービス業務」は、本章の2で述べた労働基準法施行規則第十八条により八時間を超える二時間以上の時間外労働が規制される業務とされた。

5　ベンジジン、β-ナフチルアミンなどによる膀胱がん予防対策―一九七〇（昭和四五）年―

アニリンブラックといえば良質・安価な「黒」の染料であった。今でも本当の真っ黒に染めることの出来る染料はアニリンブラック以外に無いとまでいわれている。

しかし、アニリンブラック製造の業務に長年携わってきた労働者の中に、膀胱がんに罹るものが多いという報告がなされてきた。調査の結果、アニリンブラックを製造する際の中間体であるベンジジンやβ-ナフチルアミンが原因であることが判明した。

労働省労働衛生課では、ヒトに発がんの恐れのある物質は基本的に使わないようにしようとの方針の下に業界指導を行った。アニリンブラックの場合、黒の染料としてこれほど良質で安価なものは見つからないが代替できるものは製造可能であり、業界としても作業者にがんを発生させる恐れのあるようなものは使いたくないとのことで自主的に使用を止め、代替品としてジクロロベンジジンやα-ナフチルアミンを使うようになった。労働省は一九七〇（昭和四五）年四月に「尿路発がん性物質の製造、取扱業務における尿路障害予防対策について」を都道府県労働基準局長あてに通達して行政指導を行った。

この方針は、一九七二（昭和四七）年に制定された労働安全衛生法にも引き継がれ、ベンジジンやβ-ナフチルアミンは、同法第五十五条により製造・使用・輸入のすべてが禁止される有害物に指定されている。

6　労働安全衛生法制定前のその他の動き

昭和四十年代（一九六五年〜七四年）におけるその他の労働衛生の主な動きを簡単にまとめることとするが、後に大きく取り上げられたものはその章において述べることとする。

・一九六八（昭和四三）年三月　海上燻蒸に係る作業における臭化メチル中毒の予防

臭化メチルは特化則の制定とともにその対象とされた。また、燻蒸作業は特化則第五章の二の「特殊な作業等の管理」でも規制されている。

・一九七〇（昭和四五）年二月　セロファン製造工程における二硫化炭素及び硫化水素による中毒の予防

当時、二硫化炭素は既に有機溶剤として規制されていた。また、硫化水素も特化則の制定とともにその対象とされている。

・一九七〇（昭和四五）年七月　重量物取扱い作業における腰痛の予防

腰痛の問題は、その後、重量物取扱い作業だけでなく、重症心身障害児施設等における介護作業、腰部に過度の負担のかかる立ち作業、腰部に過度の負担のかかる腰掛け作業・座作業、長時間の車両の運転等の作業にもガイドラインが出されている。最近では、エルゴノミクス（人間工学）の問題として大きく注目されている。

・一九七一（昭和四六）年一月　石綿取扱い事業場の環境改善等

石綿は、その後、中皮腫、肺がんを起こすとして大問題となった。当時は、粉じん作業としてじん肺法の適用があったが、特化則でも対象とされた。二〇〇五（平成十七）年、特化則から分かれて「石綿障害予防規則」が制定された。

・一九七二（昭和四七）年一月　健康診断の計画的実施促進

・一九七二（昭和四七）年四月　健康診断実施体制の整備

労働安全衛生法制定の動きのなかで健康診断の充実が要請されてきた。その実現のためには健康診断の実施体制の整備が重要とのことから労働省は、厚生省、日本医師会と協議を重ね、これらの通達によりその充実を図ることとした。

・一九七二（昭和四七）年四月　ＰＣＢ健康管理

カネミ油症問題を契機にＰＣＢ（ポリ塩素化ビフェニール）は大きく取り上げられ、特化則制定時には第二類物質に指定された。その後、第一類物質、すなわち製造許可物質に指定されている。なお、ＰＣＢは化学物質審査規制法により製造許可物質に指定され、実質的にその許可は行われないこととなっており、事実上製造禁止となっている。

第七章　労働安全衛生法制定前後

円―USドル交換レートが一ドル＝三百六十円の時代が遠い昔のように思われる。この円―USドルの交換レートは、一九四九(昭和二四)年から約二十二年間維持されてきたが、一九七一(昭和四六)年八月のニクソンショック、それに続く同年十二月のスミソニアン合意により、一ドル＝三百八円に変更され、その後、変動相場制へと移っていった。

この時代を知らない若い世代の方は、現在の円相場からみれば「円の価値が現在の三分の一ということは、随分輸出には有利だったのだろう」とお思いになるかもしれない。しかし、戦後二十年以上にわたって一ドル＝三百六十円の固定レートのもとに輸出に頼って経済成長してきたわが国経済に、突如十数パーセントもの円切り上げである。相当な大企業でも年間の純利益が吹っ飛ぶ一大事であっただろう。この後、さらにオイルショックと続くわけであるが、労働安全衛生法は、このようなわが国経済の大転換期に成立した。

1　労働安全衛生法の制定―一九七二（昭和四七）年―

さて、今まで述べてきたとおり、一九四七（昭和二二）年の労働基準法の制定以来、同法は労働災害防止を含む労働者保護の中核として施行されてきた。この間、多くの労働災害防止関係の省令は制定されたものの、労働基準法そのものの実質的な改正は行われないままに推移した。

私が労働省に入省した一九六六（昭和四一）年の新規採用者研修の講師に来られた労働省高官は「労働基準法は一九四七（昭和二二）年に制定されて以来実質的な改正が行われていない。労働省所掌の法律の中でもこのようなものは他に類を見ない。同法の制定当時と現在では、わが国の産業社会は大きく変わってきている。それにもかかわらず労働基準法だけが実質的な改正を加えられないでいるのは、この法律が労働者保護の憲章とさえいわれ、容易に変革の許されないもののためであろう」と言われたことを覚えている。

しかし、社会の変化が激しくなるにつれて、関係各方面において、労働基準法のあり方がさまざまに議論されるようになってきた。

(1) 労働安全衛生法制定の動き

それらの社会の動きに呼応して、労働省では、一九六九（昭和四四）年に労働大臣の私的な検討機関として「労働基準法研究会」を発足させ、本格的な検討を行うこととなった。この研究会の目的は、労働基準法全般を見直すことであったが、検討結果が早急に求められた安全衛生問題をまず取り上げることとなり、安全衛生小委員会が設けられた。安全衛生問題が緊急性を持ったものとして、他の事項に優先して取り上げられたことは、当時の労働災害発生状況（第四章の1参照）からみて理解できるであろう。なお、その後、労働基準法研究会には、一般問題を論ずる第一小委員会及び労働時間問題を検討する第二小委員会も設けられたため、安全衛生小委員会は第三小委員会といわれることとなった。これらの小委員会設置後、第一及び第二小委員会での議論も並行して行われたが、最初に設置された安全衛生小委員会、すなわち第三小委員会での議論は一歩進んで行われていた。

(2) 労働基準法研究会からの報告

第三小委員会は、一九七一（昭和四六）年七月、その結論を取りまとめて総会に報告した。総会は他の小委員会の結論を待つことなく、労働基準法研究会の中間報告という形で安全衛生問題に対する対応について労働大臣に報告した。

中間報告では、現行の法制下における安全衛生上の一般的問題点を次のように指摘するとともに、労働者の安全と健康を確保する観点から新たな総合的立法を行う必要性を強調した。
① 労働基準法を中心とする現行法制に基づく対策は、総合的予防的施策の面では不十分であり、現下の産業社会の急速な進展・変化に即応できないでいること。
② 有効な労働災害防止対策を講ずるためには、最低基準による規制のみでは不十分であり、事態に即して、指導、勧告の手法まで含む幅広い行政を展開することが必要であること。
③ 産業活動の急進展に伴い、安全衛生を担当する技術者が官民ともに不足しており、今後の活動の展開に大きな支障となっていること。
④ 労働災害の多発している中小企業、構内下請けに対する対策が必ずしも十分とはいえないこと。

(3)　労働安全衛生法制に関する労働省の考え方の公表

労働省は、労働基準法研究会中間報告に述べられている基本的方向（本章１(2)の①〜④）に沿って、一九七一（昭和四六）年八月、「労働安全衛生法（仮称）の制定」と題する基本的な考え方を公表した。

それは、今後の労働安全衛生対策の重点として、次の四点をあげて、労働基準法から分離独立した新法制定の必要性を述べている。

① 生産の場の変化に即応する労働災害防止対策を展開すること。

② 労働災害防止のための最低基準の確保にとどまらず、より快適な職場の形成を目指して、幅広い方策を実施すること。

③ 労働災害を防止するため、特に中小企業に対する技術上の指導と財政上の援助を行うこと。

④ 安全衛生を専門に担当する技術者の養成に努めること。

さらに同文書は、具体的に新法に基づいて実施すべき主要な施策として、次のものを挙げている。

① 事業者責任の明確化と事業所における安全衛生管理組織の確立

② 危害防止基準の明確化と技術指針、快適基準の作成
③ 職場環境の改善を通じての公害源の解消
④ 危険な機械類あるいは有害物の事前規制の徹底
⑤ 安全衛生教育の徹底
⑥ 健康管理の充実
⑦ 新工法等を対象とする事前審査制度の充実
⑧ 自主的改善計画作成制度の導入
⑨ 特殊な労働関係下における労働災害防止の徹底
⑩ 中小企業に対する災害防止施設整備等についての資金助成制度の確立

これらの事項は、その後の労働省内での検討、中央労働基準審議会及び国会での審議などを通して、さらに具体的なものとなって労働安全衛生法に盛り込まれることとなった。

(4) 中央労働基準審議会における審議

(ア) 中央労働基準審議会に諮問

労働省は、本章1(3)で述べた基本的な考え方をもとに「安全衛生に関する新法につい

ての考え方」、「安全衛生法に関する新法の概要」などの文書を作成し、関係各方面に新法制定の必要性を訴えるとともに、中央労働基準審議会に対してきめ細かい説明を行ったうえで、一九七一（昭和四六）年十一月に「労働安全衛生に関する法制についての基本構想」を正式に諮問した。

前述のとおり一九四七（昭和二二）年に制定されて以来、わが国の産業社会の大きな変革にもかかわらず二十年以上もの間、実質的な改正がないまま施行されてきた不磨の大典といわれていた労働基準法に大改正を加えようというのである。のちに中央労働基準審議会、国会でも議論されることであるが、関係者の中には、「労働者保護法制は、戦後二十年近くにわたって労働基準法により統一的に展開されてきた。安全衛生対策を労働基準法から切り離して新法とすることは、労働者保護の基本法が二つ存在することになり、労働者保護をいうターゲットがぼけて、結果として労働者保護対策の低下をきたさないか」という危惧を訴える人もいた。労働省が、慎重にも慎重を期して、これらの疑問に丁寧に答え、関係各方面の理解を得ることに努力し、その上で中央労働基準審議会に諮問したことが理解できる。

(イ)　中央労働基準審議会での議論

中央労働基準審議会では「労働基準法から独立させて新法を制定する理由」についてかなりの議論があった。このことは後に述べる国会でも議論が集中した。このあたりの議論をみても労働基準法に改正を加えることに対する躊躇が垣間見られる。

それらの疑問に対して労働省は次のように説明している。

① 現行の労働基準法の建前に基づいて規制の対象を直接の使用従属関係のみに限定していては、労働災害を効果的に防止できない。

② 労働災害防止のためには最低基準の確保に留まらずより厚みのある行政の展開が必要である。

③ 中小企業については取締りだけでなく労働災害を防止しやすい条件を整える必要がある。

(ウ)　中央労働基準審議会答申

諮問を受けた中央労働基準審議会は、鋭意審議を行い一九七二（昭和四七）年二月に労働省原案を承認する旨の答申を行った。その際、配慮すべき事項として次のような指摘を行っている。

①　法律の目的の中で労働基準法との関係を明確にすること。
②　事業者・発注者の責任を明確にすること。
③　安全衛生委員会の付議事項について明確にすること。
また、同審議会は、これらの指摘とあわせ新法の円滑な施行のため必要な事項として、
①　行政体制、特に研究体制の整備充実を図ること。
②　専門家の養成、教育の実施等のための財政面・技術面の援助を積極的に行うこと。
③　労働安全衛生に関するＩＬＯ条約批准に努めること。
④　政省令の制定にあたっては民間有識者の意見を十分聞くこと。
等を挙げている。

(5)　労働安全衛生法案の国会での審議

(ア)　労働安全衛生法案の国会提出

労働省は、この答申の趣旨に沿って労働安全衛生法案の原案を手直しするとともに、関係省庁等との折衝、内閣法制局の審査を経て閣議に提出した。同法案は、一九七二（昭和四七）年二月十五日に閣議決定を受け、翌十六日「労働安全衛生法案」として内閣から

国会に提出された。

なお、中央労働基準審議会答申中において配慮すべき事項として指摘のあった①の「労働基準法との関係の明確化」については、労働安全衛生法第一条の目的に「・・・労働基準法（昭和二二年法律第四十九号）と相まって、・・・」と明記された。また、②及び③については、同法第三条の「事業者等の責務」、第十七条から第十九条の「安全委員会」、「衛生委員会」または「安全衛生委員会」など労働安全衛生法の条文に反映されている。

また、「円滑な施行のため必要な事項」として指摘された事項についても、労働安全衛生法の条文中に「国の援助」に関する規定、専門職の行政官として「産業安全専門官」及び「労働衛生専門官」に関する規定、外部の有識者として「労働安全コンサルタント」及び「労働衛生コンサルタント」の制度が設けられるなどその多くが反映されている。

(イ) 国会での議論

衆議院社会労働委員会では一九七二(昭和四七)年三月十四日に提案理由説明が行われ、同月二十五日から翌四月二十五日まで五回にわたって慎重な審議が行われた。社会労働委員会では次の点について修正を加え、全員一致により可決された。

①　労働災害の定義について、その範囲を明確にすること。
②　事業者の快適な作業環境の実現と労働条件の改善を通じて安全衛生を確保することの責務を明らかにすること。
③　労働災害の発生が急迫している場合の事業者の労働者を退避させる義務について規定すること。

その後の本会議に上程され全会一致で承認された。衆議院社会労働委員会における審議が提案理由説明を含め六回行われたというのは、通常の審議に比べて非常に長いもので、労働安全衛生法案がいかに重要な法案であったかということがわかる。

修正された後の労働安全衛生法の条文からみれば、①は第二条第一号の「労働災害の定義」、②は第三条の「事業者の責務」（第一項）、及び③は第四章の「労働者の危険又は健康障害を防止するための措置」のひとつとして、その第二十五条に「事業者は、労働災害発生の急迫した危険があるときは、直ちに作業を中止し、労働者を作業場から退避させる等必要な措置を講じなければならない」と規定して反映されている。

また、参議院社会労働委員会では五月十一日の提案理由説明及び質疑から二十五日まで三回の審議が行われ、六月一日に全会一致で可決、翌六月二日に本会議に上程され参議院も全会一致で可決された。

国会の両院では、次の点について突っ込んだ質疑が行われ、法律案の内容が浮き彫りにされた。

・法律の眼目
・労働基準法から分離して新法とする理由
・労働基準法との関連性
・事業者責任の明確化と総括安全衛生管理者の権限と責任
・外部の専門家である労働安全・衛生コンサルタントと労働基準監督機関職員との関連

なかでも中央労働基準審議会での議論と同様に、①法律の眼目、②労働基準法から分離独立して新法とする理由、及び③労働基準法との関連性、については激しい議論がなされたという。

(6) 労働安全衛生法の公布と施行

(ア) 労働安全衛生法の公布

このようにして労働安全衛生法は、一九七二（昭和四七）年六月八日、昭和四七年法律第五十七号として公布された。この法律の施行準備のために必要な中央労働基準審議会に関する規定は即日施行され、他の部分は一部の規定を除いて公布の日から六カ月を超えない範囲内において政令で定める日（政令で同年十月一日と定められた）から施行されることとなった。

(イ) 関係政省令の制定

労働安全衛生法が公布され、施行期日を定める政令も公布された。事務方としてはこれからが大変である。法律の施行日までに関係政省令を公布しなければならない。労働安全衛生法に基づく省令は、労働安全衛生法により新しく規定された事項以外は原則として労働基準法に基づいて制定されていた省令の内容をそのまま引き継ぐこととなってはいたが、事務作業は多大な労力を要した。というのも、労働安全衛生法により新しく規定された事項もかなりあったし、「従来の省令の内容をそのまま引き継ぐ」といっても労働基準法と労働安全衛生法では法律の仕組みを異にしているからだ。その一つの例が、労働基準法では適用範囲も具体的規制内容（措置基準）もすべて省令により規定されていたが、労働安全衛生法では適用範囲のほとんどを政令により定めることとされた。従って、従来の省令を政令事項と省令事項に分けなければならなかったし、省令なら制度的には各省独自に制定できるわけであるが、政令となると閣議の前に各省との合意が必要なため、このための調整作業が大きな仕事となってきた。さらに、政・省令は根拠となる法律に合わせた表現をとることがルールであるため、同じ内容の省令でもかなり書き換えなければならないことが多く、その作業たるや膨大なものであった。

この事務にあたった労働省労働基準局安全衛生部は連日大混乱していたものの、関係政・省令、告示は、無事に施行期日に間に合い、十月一日の施行を迎えることができた。関係省令・告示のほとんどが載った九月三十日付けの官報は、中くらいの都市の「電話帳」ほどのボリュームがあったことを覚えている。

これだけの分量の法令を、同時に官報に登載していただいた旧大蔵省印刷局の作業も、大変なものであったと思う。

(ウ) 中央労働基準審議会及び国会での審議により指摘された事項の施行状況

労働安全衛生法制定に際しての中央労働基準審議会及び国会での審議を通して提起さ

れた事項で、その後の行政施策に生かされているもののいくつかを挙げれば次のとおりである。

①　それまでの労働衛生研究所を発展させて「産業医学総合研究所」(現在は、当時の産業安全研究所とともに、独立行政法人労働者健康安全機構労働安全衛生総合研究所)を設立した。

②　労働安全衛生法の条文中に「国の援助」に関する事項が定められた。これにより国は労働災害防止に必要な援助を行うよう努めなければならないこととなった。

③　労働安全衛生法の条文中に専門職の行政官として「産業安全専門官」及び「労働衛生専門官」が規定され、外部の有識者として「労働安全コンサルタント」及び「労働衛生コンサルタント」の制度が設けられた。

④　教育のための施設として、国は、東京及び大阪の安全衛生教育センターを建設し、中央労働災害防止協会が運営している(他に建設業労働災害防止協会の運営しているセンターもある)。

⑤　労働安全衛生法の施行された直後の一九七三(昭和四八)年にＩＬＯ条約で労働安全衛生関係のもの(第百十五号「電離放射線からの労働者の防護に関する条約」及び第百十九号「機械の防護に関する条約」)がわが国で安全衛生関係のＩＬＯ条約として初めて批准さ

れた。その後第百三十九号「がん原性物質及びがん原性因子による職業性障害の防止及び管理に関する条約」、第百二十号「商業及び事務所における衛生に関する条約」などが批准されている。また、二〇〇五（平成十七）年には第百六十二号「石綿の使用における安全に関する条約」が、二〇〇七（平成十九）年には第百八十七号「職業上の安全及び健康を促進するための枠組みに関する条約」が批准された。

2　安全衛生教育の充実

本章の１(4)(ウ)に述べたとおり中央労働基準審議会から「専門家の養成、教育の実施等のための財政面・技術面の援助を積極的に行うべきこと」の提言がなされた。安全衛生教育は労働安全衛生法の重要な柱の一つとされた。そこで、具体的には労働安全衛生法第六章に「労働者の就業に当たっての措置」として安全衛生教育について規定され、その章の第六十三条には「国は、事業者が行う安全又は衛生のための教育の効果的な実施を図るため、指導員の養成及び資質の向上のための措置、教育指導方法の整備及び普及、教育資料の提供その他必要な施設の充実に努めるものとする」と国の援助についても規定された。

このように安全衛生教育は、労働安全衛生法に明確な規定がなされたこともあり、同法の施行とともにさらに充実されることとなった。

(1) 安全衛生教育推進要綱──一九七四（昭和四九）年──

労働省は、労働安全衛生法の施行前の一九七一（昭和四六）年度を初年度とする安全衛生教育推進計画を策定するとともに、教育基本要領を定めて、計画的に推進してきたところであったが、労働安全衛生法の施行を機に一九七四（昭和四九）年四月に安全衛生教育のあるべき体系を整理し、国、関係団体、企業がそれぞれの立場で果たすべき役割を明らかにして、その一層の充実を図るため「安全衛生教育推進要綱」を定めた。

なお、その後、技術革新の急速な進展、高年齢労働者の増加、パートタイム労働者の増加等にみられる就業形態の多様化、第三次産業の就労者数の増加等、社会経済情勢の変化に伴い労働災害の増加が懸念されており、事業場においてこれらの変化に的確に対応しつつ、安全衛生水準の向上に資する適切かつ有効な安全衛生教育を実施することが求められているとして、二〇一七（平成二八）年に全面的に改正された「安全衛生教育等推進要綱」が公表されている。

⑵ 安全衛生教育センターの開設――一九七三（昭和四八）年――

労働省は、前述の労働安全衛生法第六十三条の規定に基づいて、一九七三（昭和四八）年、東京都清瀬市に安全衛生教育センターを設置し、中央労働災害防止協会にその運営を委託して企業における指導者の養成教育を実施している。なかでも「R・S・T」といわれる「労働省方式現場監督者安全衛生教育トレーナー」講座はその中心をなすプログラムである。その後、一九七八（昭和五三）年には大阪府河内長野市に大阪安全衛生教育センターが設置され、東京と同様のプログラムで指導者養成教育を行っている。大阪安全衛生教育センターも東京のセンターと同様に中央労働災害防止協会が運営している。

また、労働省は、建設業における指導者養成教育を目的として「建設業安全衛生教育センター」を設置し、建設業労働災害防止協会に運営を委託して実施している。

これらの教育センターはその後の安全衛生教育に大きな役割を果たしてきている。

3 労働衛生コンサルタント制度の発足――一九七三（昭和四八）年――

企業が自社において安全衛生上の対策を採ろうとする場合に、特に中小・零細企業においては、資金面の問題もさることながら技術的な能力にも乏しいことも多い。そのため労働安全衛生法では、企業外の有識者の安全衛生に関する知識・経験を有効に活用し、安全衛生上の諸問題をかかえる企業がそれぞれ必要とする分野の専門家の助言を得たいというニーズに的確に対応できるようにするため「労働安全・衛生コンサルタント」の制度を設けた。

「労働衛生コンサルタント」とは、労働衛生コンサルタントの名称を用いて、他人の求めに応じ報酬を得て、労働者の衛生水準の向上を図るため、事業場の衛生についての診断及びこれに基づく指導を行うことを業とする者である（労働安全衛生法第八十一条第二項）。

労働衛生コンサルタントとなるためには、国家試験（労働衛生コンサルタント試験）に合格し、かつ、所定の事項の登録を受けなければならないこととされている。その労働衛生コンサルタント試験は筆記試験と口述試験から成っており、第一回筆記試験は一九七三（昭和四八）年十月、口述試験は翌年二月に実施された。

第一回の労働衛生コンサルタント試験の筆記試験は百七十五人が受験し、うち二十八人が合格した。第一回口述試験は翌一九七四（昭和四九）年二月四日から東京及び大阪の二会場において実施された。一定の講習を終了した医師、歯科医師等は筆記試験の全部が免除されているが、筆記試験の全部が免除された受験者を含め二百四人が口述試験に合格した。

第一回口述試験の受験者は、第一回ということもあって、多年の経験と専門的知識を持った労働衛生分野の第一人者と自他とも認められている見識ある人材が多かった。このような人々に厳正な口述試験が実施されたことは、わが国の国家試験の歴史の中でも特筆すべきものであったといわれている。

この時の口述試験を受験された方の話では、口述試験の最初に受験者が自らカードを引いてそのカードに記載される番号を読み上げると、試験官はあらかじめファイルされている問題の中からその番号の問題を取り出して、それを試験問題とされていたようであった。つまり、口述試験の場合、出題（質問）できる問題数に限りがあるため、受験者にとって得意、不得意があり出題された問題の分野によって有利、不利が生ずることとなる。そのことによる受験者の不満を避けるため、問題を自己で選ぶ方式が採られたものと考えられる。第一回口述試験を実施した労働省の受験者に対する気の遣いようが伺えるのではないか。この方法による口述試験はその後数回続けられた。

4　安全衛生分野の国際交流

わが国の安全衛生分野の国際交流は、戦後一九五一（昭和二六）年にＩＬＯ（国際労働機関）に復帰以来徐々に行われるようになってきたが、特筆すべきものは昭和四〇年代（一九六五～七五年）に入ってからである。

(1)　第十六回国際労働衛生会議――一九六九（昭和四四）年――

一九六九（昭和四四）年九月、第十六回国際労働衛生会議が東京で開催され、海外四十七カ国から約九百人、国内から千百人の労働衛生の研究者や関係者が参加して開催された。これはアジア地域で開催された最初の国際労働衛生会議であった。

この会議のために来日した国際労働衛生協会会長（当時）スベン・フォルスマン博士（スウェーデン）は、「労働衛生の将来」について「労働衛生の将来については、事故と職業性疾病の防止が技術上、産業上の発展とペースを合わせていかなければならない。人間に対する仕事の適応について、人間工学と、特に仕事に対する人間の精神的適応を考慮した労働衛生サービスが、将来の労働衛生の最大の課題になるだろう」（仮訳）とメッセージを残している。現代の労働衛生の課題を考えたとき三十年以上も前にフォルスマン博士が示唆されたことが現実となっていることがわかる。

この会議の成功が、わが国の安全衛生分野の国際交流に拍車がかかる原動力となったといわれている。

⑵　国際労働衛生会議第三回重金属学会──一九七四（昭和四九）年──

第八回アジア労働衛生会議──一九七六（昭和五一）年──

一九七四（昭和四九）年十一月には、東京において国際労働衛生会議第三回重金属学会が開催された。

続いて一九七六（昭和五一）年九月には第八回アジア労働衛生会議が東京で開催され、アジア地域十一カ国から八十人、日本から百三十六人、あわせて二百十六人が参加して盛会に開催された。

このように労働衛生分野の国際交流は着実に積極的に行われるようになってきた。この当時、わが国の労働衛生分野には世界的権威といわれる何人かの専門家が活躍されていたことが大きい。

⑶　ＪＩＣＡ安全衛生行政セミナーの開始──一九七四（昭和四九）年──

労働安全衛生法の施行に伴う作業が一段落（実際には労働衛生分野では一段落どころか次か

ら次へと新しい問題が生じて、その対応に追われていたわけであるが）したとき、アジア地域の国々からわが国の安全衛生分野のノウハウを移転してほしいという声が大きくなってきた。

当時、わが国の国際協力事業は、ＯＴＣＡ（海外技術協力事業団）からＪＩＣＡ（国際協力事業団）へと名称変更して拡大しつつあった時期であるが、その一つである集団研修コースに「労働安全衛生行政セミナー」を設けることが認められ、開発途上国の行政官を招聘してわが国の安全衛生の制度、技術の研修を行うととなった。

第一回労働安全衛生行政セミナーは、アジア地域の七カ国から八人、中近東の一カ国から二人、中南米の三カ国から五人の合計十五人が参加して、一九七四（昭和四九）年十月二七日から十一月二九日まで開催された。この研修は、参加各国から高い評価を受け、その後、多少のカリキュラムの見直しなどが行われ、研修コースの名称も若干の変更（現在は課題別研修「労働安全衛生—制度構築から具体的対策まで」といっている）はされているものの現在も続いている。

なお、この集団研修コースは四十年を越す歴史があるだけに、現在、このコースの修了者が行政の中枢を担っている国も多い。

第八章　社会問題化した職業病

一九七三（昭和四八）年十月六日に第四次中東戦争が勃発した。これを受けて同月十六日に石油輸出国機構（ＯＰＥＣ）加盟のペルシャ湾岸の産油六カ国は、原油公示価格を二十一％引き上げると発表した。同時に原油生産の削減とイスラエル支援国への原油の輸出を禁止することを決定した。さらに同年十二月には、翌年一月から原油価格を二倍に引き上げることを決定した。これによりエネルギー危機が一挙に表面化し、世に言う「オイルショック」として全世界に衝撃を与えることとなった。

この「オイルショック」は、その二年前のニクソン・ショック、それに続くスミソニアン合意による円の切り上げによる大打撃から立ち直りつつあったわが国経済を直撃し、便乗値上げ、急速なインフレの加速、トイレットペーパーや洗剤など生活関連物資の買占めなどの騒動を巻き起こした。一九七四（昭和四九）年の国内の消費者物価指数は二十三％上昇した。このインフレ抑制のために公定歩合は引き上げられ、企業は設備投資を抑制したため、結果として同年の経済成長率は、マイナス一・二％と第二次世界大戦後初めてのマイナス成長となった。これにより従来の高度経済成長政策から安定成長路線へと大きく進路を変更せざるを得なくなった。

このようにわが国経済は「オイルショック」を境にその様相を一変した。世界にも類を見ない長期間の高度経済成長は一夜にして崩れ、企業倒産や雇用調整が相次ぎ深刻な不況に見舞われた。これに対して、政府は、公共土木事業への大幅な投資など景気浮揚政策と強力な物価抑制政策をとった。企業は、減量化経営や省エネ化に努力した。それら官民の努力によって「オイルショック」を乗り越え、昭和五十年代（一九七五〜八四年）の前半からようやく安定成長期に入ることとなる。

私が「充実の時代」とする一九七六（昭和五一）年から一九九〇（平成二）年は、このように高度経済成長から安定成長期に入り、その安定した経済成長から、さらに「バブル経済」といわれた経済の超過熱した時代でもあった。

本章で取りあげるのは、経済の高度成長時代から安定成長時代に入る直前の二〜三年間である。この時期には、高度経済成長期の総決算のごとく労働衛生問題が次から次へと噴出した。なお、今回述べる事項のうち前章、前々章と時間的に混同していることもあることをお許し願いたい。

1　次から次へと社会問題化した労働衛生問題

この時期の当面の労働経済施策としては、雇用の安定を図ること、産業構造の変化に伴う職場転換対策を図ること、労働者の高齢化に伴う雇用、賃金、健康などを確保することなどが重要な課題として表面化してきた。一方、国民意識の面においては、公害問題に対する強い関心や不安と併行して、職業性疾病に対する予防と補償の要求がますます強まってきた。このような時期に大きな問題として取り上げられた労働衛生問題の幾つかを紹介することとする。

(1) 塩化ビニル禍——一九七四（昭和四九）年——

この時代の労働衛生問題として、まっ先に挙げなければならないものは「塩化ビニル」問題であろう。まさに「塩ビ禍」というものであった。

通常「塩化ビニル」といったときには「塩化ビニルモノマー」を指す（労働安全衛生法施行令別表第三）。その「塩化ビニルモノマー」の重合したものが「ポリ塩化ビニル」、すなわち「塩化ビニル樹脂」である。塩化ビニル樹脂は、私たちの日常生活の場に幅広く入り込んでおり、身のまわりを見ただけでも、ポリバケツ、パソコンのケース、ビニール傘、塩ビパイプ、ビニールハウス、壁紙など数えあげたらきりがない。

塩化ビニルがわが国で本格的に工業生産されるようになったのは一九五〇（昭和二五）年頃からという。それが一九五五（昭和三十）年頃から大量生産体制に移った。

塩化ビニル（モノマー）は、常温・常圧では少し甘酸っぱい匂いのする可燃性の気体である。塩化ビニルの危険性・毒性については、可燃性・爆発性があるのと多少の麻酔作用があることに関心が払われていたものの、毒性の弱い安全なものと理解されていた。そのため日常家庭の中で使用されるヘアスプレーや殺虫剤の噴霧剤にも広く使われていたくらいである。

この塩化ビニルによる労働者の健康障害の報告としては、一九六九（昭和四四）年東京で開催された第十六回国際労働衛生学会（第７章の４(1)参照）の折、米国のディンマン博士らが塩化ビニルの重合作業（塩化ビニル重合釜の清掃業務を含む）に従事している労働者の間に手指の皮膚が白くなる「レイノー現象」や、指骨の先端が溶ける「指端骨溶解症」が発生することを報告した。レイノー現象とは、チェーンソーなど振動工具を使用する労働者に見られる症状と同じである。労働省は、この報を得て一九七〇（昭和四五）年十一月十六日付け「塩化ビニル障害予防について」により、設備・作業の管理と健康診断の実施などを行政指導した。私もディンマン博士の報告や労働省の行政指導通達に接し「実に奇妙な障害だな」と思った記憶がある。塩化ビニル製造工場（塩化ビニルを重合してポリ塩化ビニルを製造している工場を含む）はすべて大企業のため労働省の行政指導には直ちに対応したし、その当時の社会一般の反応はそれほど大きなものではなかったような気がする。今から考えてみると、その時、わが国で実際に塩化ビニルによる障害の発生が報告されていたわけでなく、さらに傷害発生の恐れのあるのは塩化ビニル製造工場の中の作業者という限られた対象のため、それほどの問題とならなかったものと考えられる（その後、わが国では指端骨溶解症で一九七三（昭和四八）年に二人が労災認定された）。

ところが、一九七四（昭和四九）年一月二十二日に米国の国立安全衛生研究所（NIOSH）が「ケンタッキー州のグッドリッチ社ルイビル工場の塩化ビニル重合工程で、三人の作業者が肝臓がんの一種である『肝血管肉腫』で死亡している」ことを発表した。この発表の後、NIOSHは全世界に呼びかけて同種の作業と症例の調査を行ったところ、米国ではグッドリッチ社以外の工場でも発生していたことが判明し、西ドイツ、カナダ、英国などでも同種の障害らしき症例が報告された。また、イタリアのマルトニー教授は動物実験により塩化ビニルがラットに「肝血管肉腫」を起こすことを確認したと発表した。

塩化ビニルは、この当時、前述のとおりスプレーの噴霧剤に使用されていたくらい毒性の弱い安全なものと考えられていた。米国産業衛生専門官会議（ＡＣＧＩＨ）や日本産業衛生学会など専門家集団の勧告していた職場の許容濃度は「五百ｐｐｍ以下」とされていた。そのような折に突然の「塩化ビニルに発がん性あり」との報道である。関係者が慌てるのも無理はなかったであろう。

この問題は、直ちに全世界から注目される大問題となった。もちろん、わが国でも大きく取り上げられた。私は、当時労働省労働衛生課の係長の末席を汚していたが、連日、外部からの電話の応対に明け暮れたことを覚えている。もちろん、塩化ビニル製造事業場や塩化ビニル重合作業に従事されている人からの心配の電話も多かった。しかし、それ以上に一般の人からの電話が多かった。

「もしもし!!　今日の新聞で『塩ビ』によって肝臓がんが起こるという記事を見た。私の家には『塩ビ』のバケツがある。大丈夫か」といったものや「私は職場で毎日電話をかけている。電話機は『塩ビ』で出来ているそうだが、私も『肝臓がん』に罹るのか。そういえば、貴方も、今、私と電話をかけていられますよね。貴方のところの電話機も『塩ビ』ですよね。貴方も『肝臓がん』に罹る恐れがあるのですか？」などなど、今から考えれば笑い話のようなことであるが、当時質問されている人は真剣であったと思う。少なくとも私が応対した人の中には私たちをからかうために電話してきたようなものはなかった気がする。

言うまでもないことであるが、問題とされているのは「塩化ビニルモノマー」であって、それが重合した「ポリ塩化ビニル」はもちろん問題とならないわけであるが、一般公衆の中には「塩化ビニルモノマー」も「ポリ塩化ビニル」も区別がつかず、すべて「塩ビ」と考える人も多かったのだろう。パニックとはこのようなものではなかろうか。

とは言っても、塩化ビニル重合作業に従事している者の中に「肝血管肉腫」発生の恐れがあるという報道は重大である。労働省は、これらの報道に接し、直ちに専門家による検討会を設け検討を開始するとともに、ことの重大性に鑑み検討会の最終報告の出される前に、その議論をもとに一九七四（昭和四九）年六月二十四日付け「塩化ビニル障害の予防についての緊急措置」により行政指導を行った。この行政指導の中で、職場の許容濃度を問題が提起される前に常識とされていた「五百ｐｐｍ」から「五十ｐｐｍ」にすること、塩化ビニルは物質名をあげて法規制されている物質ではないが、作業環境測定の実施、排ガス処理、廃棄物処理、作業者教育健康診断など当時の特定化学物質等障害予防規則で規制されている物質なみの措置を取るよう指導した。

その後、労働省は、ＩＬＯにおいて「職業がん条約」が採択されたことに鑑み、一九七四（昭和四九）年十一月「職業がん対策専門家会議」を設置した。塩化ビニル問題を検討していた検討会の検討事項は職業がん対策専門家会議において行われることとなり、同専門家会議の最初の議題に塩化ビニル問題が取り上げられることとなった。

一九七五（昭和五十）年六月二日、職業がん対策専門家会議から労働省に塩化ビニル問題に関する報告がなされた。報告を受け取った労働省は同年六月二十日付け「塩化ビニル障害の予防について」をもって行政指導を行った。この中では、前記の職場における許容濃度は、前年の緊急措置時の「五十ｐｐｍ」から「二ｐｐｍ」とした。さらにこの通達には、のちにわが国の作業環境管理の基礎となる「管理濃度の考え方」が取り入れられていた。

なお、塩化ビニルは、一九七五（昭和五十）年一月の労働安全衛生法施行令の改正により特定化学物質に指定され、同年十月から特定化学物質障害予防規則により規制されることとなった。また、塩化ビニルを重合する業務または密閉されていない遠心分離機を用いてポリ塩化ビニル（塩化ビニルの共重合体を含む）の懸濁液から水を分離する業務に四年以上従事した者は、退職後も国によって健康診断が行われることとなる「健康管理手帳」の対象業務とされた。

塩化ビニル問題のような大きな社会的問題となると主担当は、もちろん、先輩中央労働衛生専門官殿があたることとなるが、係長であった私も微力ながらお手伝いに明け暮れた。この問題は米国ＮＩＯＳＨの発表に始まりヨーロッパ諸国の対応など海外の情報が便りであった。今の若い方はお笑いになるかもしれないが、私は、この時、初めて国際電話というものに接した。時差を考えて電話をしなければならないし、なんとも間延びした話しをしにくい通話であったことを記憶している。

(2) クロム禍—一九七五（昭和五十）年八月—

塩ビ問題と相前後して、一九七五（昭和五十）年八月初め、ある新聞の夕刊に「東京都江東区の埋立地では雨が降ると黄色い水が流れる。その原因は埋め立てに用いられた六価クロムを含む鉱さいではないか」という記事が報ぜられた。その当時、クロム鍍金の作業に従事している労働者の間に六価クロムによる「鼻中隔穿孔」が発生することは広く知られていたし、わが国では、未だ、発生事例は報告されていなかったもの一部の専門家の間では外国文献から「クロム精錬の作業と肺がん発生の間に因果関係があるのでないか」という見解も示されていた。

問題となった鉱さいを埋め立て用に提供していた工場は、クロム鉱石から精錬によりクロム酸カリ、クロム酸ナトリウム、重クロム酸カリ、重クロム酸ナトリウムなど、いわゆる「六価クロム」を精錬により製造していて、まさに一部の外国文献のいう「クロム精錬作業と肺がん発生の間に因果関係の疑われる作業」を行っている工場であった。

一方、上記の新聞報道が契機となって、翌日からテレビをはじめ各新聞もこの問題を一斉に大々的に取り上げた。さらに鉱さいを埋め立てに提供していた工場の労働者の中に肺がんで死亡した者もいたことが次々と報じられた。日本でも「クロム精錬作業で肺がんが発生した」という驚きと同時に、クロム精錬の際にでた鉱さいは広く埋め立てに利用されていたため、それらの埋め立てられた土地での肺がん発生が危惧され、一般公衆の心配を巻き起こした一大社会問題となったものである。

この問題は、当時、国会では社会労働委員会はもちろんのこと、他の委員会でも大議論がなされたし、新聞でも連日、「肺がん」「鼻中隔穿孔」などの文字が紙面を賑わし、全国的な社会問題となった。まさに「クロム禍」といわれるものであった。

労働衛生の問題としては、クロム精錬業務と肺がん発生の関係は明らかになったが、それではクロム鍍金など六価クロム使用作業でも肺がん発生の恐れがあるかどうかということであった。それまでクロム鍍金作業者に、特に、肺がんに罹る人が多いという報告はなかった。しかし、クロム鍍金作業者にもクロム精錬作業者と同様に「鼻中隔穿孔」の人が多いということは知られていた。そこで社会の関心は、クロム関係作業者（退職者も含む）で「肺がん」に罹った人に「鼻中隔穿孔」があったかどうかに向かった。いろいろな調査が行われたが、鼻中隔穿孔と肺がんの関係ははっきりしなかったし、クロム鍍金作業など六価クロムを取り扱う作業者の間で、特に肺がんが多く発生するかというと、はっきりとはしなかった。しかし、専門家の間では六価クロムの取扱い業務も管理を厳重に行う必要はあるという結論に達した。

その後、埋め立てに利用された六価クロムを含む土壌は無害化処理が施されたし、クロム精錬作業（六価クロム製造）とクロム鍍金など六価クロム取扱い業務は、一九七五（昭和五十）年十月に大改正された特定化学物質等障害予防規則により厳重な管理が行われることとなった。さらに一定の期間以上クロム精錬の作業に従事した労働者には、塩化ビニルの業務と同様に退職後も国によって健康診断が行われることとなる「健康管理手帳」の対象業務とされた。

(3)　エポキシ樹脂硬化剤による皮膚障害──一九七五（昭和五十）年──

一九七五（昭和五十）年前後には、エポキシ樹脂硬化剤による皮膚障害が頻発した。硬化剤として使用されていた「ポリアミン」の有害性によるものと考えられたが、エポキシ樹脂は、当時、急速に進歩していた電気産業でのプリント配線に大量に使用され始めた矢先のことであったため大きな問題となった。労働省は、一九七五（昭和五十）年六月「エポキシ樹脂の硬化剤による健康障害の防止について」として、①有害性の低い硬化剤への代替、②作業環境の改善、③作業方法の改善、④保護具の使用、⑤作業場所の清掃、⑥清潔の保護、⑦作業者教育、など法令により規制されている物質並みの管理を行うよう行政指導した。

(4)　ガンマ線照射装置線源の脱落事故──一九七五（昭和五十）年──

生産技術の進展に伴ってガンマ（γ）線を使用した非破壊検査の業務が一般化してきた。中でもガンマ線透過写真撮影による溶接検査はいろいろな場所で行われるようになった。このガンマ線透過写真撮影に使用される機器にはコバルト六〇（^{60}Co）を線源とした可搬式のものが多く使用された。ところが可搬式のガンマ線透過写真撮影装置の運搬中に、線源格納コンテナ中に入れていた線源が脱落して紛失するという事故が続いた。中には脱落した線源（^{60}Co）を拾った者が「珍しい金属」と思ってズボンのお尻のポケットに入れて持ち歩き被ばくした事故や、紛失した線源がゴミに混ざって大騒動になったこともあった。

労働省は一九七五（昭和五十）年六月、電離放射線障害防止規則を改正して「ガンマ線透過写真撮影作業」に関する規定を追加した。同時にガンマ線透過写真撮影装置など「ガンマ線照射装置」を労働安全衛生法第四十二条により労働大臣が定める規格を具備すべき機械等に指定するとともに、同法第四十五条に定める定期自主検査を行うべき機械等とした。

(5) 有明海の水銀汚染――一九七三（昭和四八）年――

水銀中毒といえば、まず、「水俣病」があげられよう。一九五六（昭和三一）年四月二一日、原因不明の激しい脳症状を訴える五歳の女児が新日本窒素肥料㈱（現チッソ㈱）水俣工場附属病院で受診し、同月二三日に入院した。同年五月一日、同工場附属病院長が水俣保健所に脳症状を呈する患者の発生を報告した。この日は「水俣病公式発見の日」とされている。

ただし、水俣病に関する政府の統一見解は、一九六八（昭和四三）年九月二六日に厚生省が「水俣病は、水俣湾産の魚介類を長期かつ大量に摂取したことによって起こった中毒性中枢神経系疾患である。その原因物質は、メチル水銀化合物であり、新日本窒素水俣工場のアセトアルデヒド酢酸設備内で生成されたメチル水銀化合物が工場廃水に含まれて排出され、水俣湾内の魚介類を汚染し、その体内で濃縮されたメチル水銀化合物を保有する魚介類を地域住民が摂取することによって生じたものと認められる」と発表している。

次の水銀中毒はというと、一九六四（昭和三九）年に阿賀野川河口の三十一歳の川魚漁民が、視野狭窄、歩行困難、言語障害など水俣病と同様な症状で新潟大学医学部附属病院脳神経科に入院したことに始まる。一九六五（昭和四十）年に新潟大学医学部神経内科に赴任した椿忠雄教授が、患者の毛髪から高濃度の水銀を検出して、阿賀野川流域に水俣病と同様な患者がいることを確認した。これが「第二の水俣病」といわれる新潟県阿賀野川の水銀中毒である。

さて、一九七三（昭和四八）年五月二十二日、かねてから熊本県が熊本大学医学部水俣病研究班に委託していた研究の報告がなされ、有明海周辺に水俣湾とは汚染源を異にする水俣病が発生している疑いがあると指摘した。これは「第三の水俣病」と大々的に報道され、水銀による汚染が広域化していることが社会不安を巻き起こした。政府は、これを契機に同年六月十二日に環境庁長官を議長とした関係各省庁の局長級からなる「水銀汚染等対策推進会議」を設置して対策を検討した。「アジなら一日何匹まで食べても安全か」とか「トロ(鮪)には多くの水銀が含まれている」とか話題となったのもこの時である。

労働省も推進会議の一員として水銀使用事業場の実態調査をすることとなった。当時、水銀使用事業場の主なものは、水銀を触媒として使用しているアセトアルデヒド製造・苛性ソーダ製造工場と、水銀を直接扱っている体温計製造工場であった。労働省はそれらの工場の環境調査(作業環境測定を含む)と作業者の健康調査を行った。私も幾つかの工場の調査に参加した。水俣病が最初に報告されてから年月が経っていることもあり、各工場の作業環境はずいぶん改善されていたと考えられる。作業環境測定では問題となるほど高濃度のところはなかったような気がするし、廃棄・廃液装置もある程度完備していたと思う。作業者の健康調査では医師による診察も行われたが多少の問題のある者もいたようであった。水銀中毒特有の「手指の振せん」を調査するため「迷い道のような図を示し、その中を鉛筆でうまくなぞる」検査も行われた。スムーズに線を描けずギザギザとなり、明らかに手指の振せんが認められる者もいた。調査時の作業環境測定の結果、機械・設備の整備状況から考えて異常の認められた作業者は、おそらく古い時代にばく露されたつけではなかろうかと思われた。

これを契機にわが国の水銀電解法によるアセトアルデヒド製造・苛性ソーダ製造プラントは、急速に水銀を使わない隔膜電解法に切り替えられていった。

(6) その他の労働衛生の問題

(1)から(5)までに述べたものほど社会的に注目されたわけではないものの、この時期に提起された労働衛生上の問題として次のものがあげられる。

① コークス炉・ガス発生炉の作業者の肺がん
② ベリリウムを取り扱う作業者の重篤なアレルギー症状
③ ベンゾトリクロリド製造作業者の肺がん

2 ゼロ災運動スタート——一九七三（昭和四八）年——

労働安全衛生法の制定された翌年、一九七三（昭和四八）年、中央労働災害防止協会は、「ゼロ災害へ全員参加」をスローガンに、労働省の後援を得て、「ゼロ災害全員参加運動（ゼロ災運動）」を提唱した。「ゼロ災運動」とは、人間尊重の理念に基づいて全員参加で安全衛生を先取りし、「災害ゼロ」を目指す運動で、「トップの経営姿勢」「ライン化の徹底」および「職場自主活動の活発化」の三本柱を中核として進めていく運動である。特に安全衛生の先取り実践手法として開発されたKYT・指差し呼称は、数多くの職場で実践され、ヒューマンエラーによる事故・災害の防止に大きな効果を発揮している。

このように現在ではわが国のオリジナルな運動として定着している「ゼロ災運動」ではあるが、そのスタート当初にはいろいろな反対・批判的な意見も多かったという。その主なものは、従来から行われていた「無災害運動」と関連づけて「無災害運動とどこがちがうか」とか「無災害競争を競うあまり災害隠しにつながらないか」等々といったものから「全員参加といって災害防止の経営責任をあいまいにし、作業者に責任を転嫁するものではないか」「安全には本質安全化が一番大切なのに、自主活動という名目で、『労働者の不注意論』を助長するものではないか」といったものまで様々であった。しかし、次第に「ゼロ災運動」の本質は、「一人ひとりの労働者はカケガエノナイ人」という人間尊重の理念を原点としたものであって、結果としての「災害ゼロ」が重要なのではなく、日々の「災害ゼロ」を追求していくプロセスにあるということが関係者の間で理解されるようになり、産業現場に浸透していった。

最近の新しい安全衛生管理の手法として「労働安全衛生マネジメントシステム」が大きくクローズアップされてきた。中央労働災害防止協会は、この労働安全衛生マネジメントシステムとゼロ災運動の両者を一体的に運用することにより、事業場の安全衛生管理の向上を図ることを提唱していると聞いている。

3　労働衛生研究・教育機関の充実

(1)　産業医科大学の設立構想――一九七二（昭和四七）年――開校――一九七八（昭和五三）年――

労働安全衛生法の下で新たに導入された制度として「産業医制度」がある。この「産業医制度」は、労働基準法時代の「医師である衛生管理者」を拡充したもので、産業医の職務内容が法令により明確にされ、必要な権限も付与された。しかし、労働安全衛生法施行時の事業場における産業医の選任状況は、労働基準法時代の「医師である衛生管理者」の選任状況から、専属の産業医の必要な労働者一千人以上の事業場で六十％程度と推定された。産業医の選任を必要とする常時五十人以上の事業場における嘱託産業医の選任状況も低いものと推定されていた。このような状況では労働安全衛生法の趣旨を実現することはできず、産業医の不足ということが労働衛生上の重要な課題となることは明白であった。そのため労働安全衛生法施行の直後に、この課題を解決し、産業医をはじめ広く労働衛生に携わる人材の養成を行い、わが国労働衛生の一層の発展を期するため「産業医科大学」を設置する構想が発表された（一九七二（昭和四七））。その後、産業医科大学設置準備委員会の設置、産業医学振興財団の設置などを経て、一九七八（昭和五三）年に「産業医科大学」は北九州市に設立された。

(2) 労働衛生検査センターの設置―一九七五（昭和五十）年―

前回、労働安全衛生法案の中央労働基準審議会や国会での審議を通して、同法施行に際して国の取るべき数々の事項が提起されたことや、同法の条文中に国の援助に関する事項が明記されたことを述べた。

その一つとして労働省が建物・施設を建設し、その業務運営を中央労働災害防止協会に委託して一九七五（昭和五十）年八月に開所した「労働衛生検査センター」が挙げられる。中央労働災害防止協会は、その前身である全衛協の時代から労働衛生サービスセンターを持ち、健康診断や有害物質の毒性研究にユニークな実績を築いてきた。中央労災害防止協会としては、従来から運営していた労働衛生サービスセンターを発展的解消させて国からの委託による「労働衛生検査センター」の業務を運営することにより、環境調査、健康診断、毒性検査、試料分析の四つの部門を有するさらに充実したものとなった。

その後、労働衛生検査センターは、「労働衛生調査分析センター」と改称して、業務内容をいっそう充実させている。さらに、一九八八（昭和六三）年四月には、大阪にも同種の機能を有する「大阪労働衛生総合センター」が開設され現在に至っている。

(3)　産業医学総合研究所の設置――一九七六（昭和五一）年――

一九五六（昭和三一）年七月にわが国最初の労働衛生関係の国立研究所として設置された労働衛生研究所は（第４章１(4)参照）、医学、物理学、化学など各分野の専門の研究者を集め、わが国の労働衛生の発展に大きな貢献をしてきた。しかし、その後の経済発展と産業構造の変化により、新しい化学物質や新技術の導入など労働衛生を取り巻く環境は大きく変化したため、時代に即した研究を行うことが求められるようになった。労働省は、一九七六（昭和五一）年七月、従来の労働衛生研究所を発展させて「産業医学総合研究所」を設置し（第７章１(6)(ウ)①参照）、労働者の健康の保持増進、職業性疾病の原因、診断、予防などに関する総合的な調査研究を行うこととした。

4　労働衛生関係のＩＬＯ条約の採択

国際的にも労働衛生問題が大きく注目されるようになり、国際労働機関（ＩＬＯ）では、一九七一年「ベンゼンから生ずる中毒の危害に対する保護に関する条約」（ベンゼン条約、第百三十六号）、一九七四年「がん原性物質及びがん原性因子による職業性傷害の防止及び管理に関する条約」（職業がん条約、第百三十九号）、一九七七年「空気汚染、騒音及び振動に起因する作業環境における職業性の危害からの労働者の保護に関する条約」（労働環境条約、百四十八号）が採択された。

その後も一九八一年の「職業上の安全及び健康並びに作業環境に関する条約」（職業上の安全及び健康に関する条約（労働安全衛生基本条約）、第百五十五号）、一九八五年の「職業衛生機関に関する条約」（職業衛生機関条約、第百六十一号）、一九八六年の「石綿の使用における安全に関する条約」（石綿条約、第百六十二号）、一九九〇年の「職場における化学物質の使用の安全に関する条約」（化学物質条約、第百七十号）等々と次から次へと採択されている（第七章１参照）。

なお、ＩＬＯでこの時期に採択された上記条約のうち、わが国政府は「職業がん条約」を一九七七（昭和五二）年に、「石綿条約」を二〇〇五（平成十七）年に採択した。

労働衛生問題は、国の内外から大きな社会問題として取り上げられるようになった。これに伴ってわが国においても法制度、施設の充実など急速に整備されることとなった。それらについては次章以降に述べることとする。

第九章　法令の充実

前章は、「社会問題化した職業病」として、次から次へと社会問題化した労働衛生問題について述べた。今回は、それらに対する国の法令の整備を中心に述べることとする。

1　労働安全衛生法の適用範囲の拡大―一九七五（昭和五十）年以降―

一九七二（昭和四七）年十月に労働安全衛生法が施行された後も、次から次へと新しい職業性疾病の問題は顕在化してきた。それらの問題に対処するため、一九七五（昭和五十）年一月を皮切りに、労働安全衛生法の適用範囲は順次拡大されていった。特に一九七五（昭和五十）年から数年間は、毎年一～二回労働安全衛生法施行令（施行令）の改正が行われ適用範囲は拡大された。主なものをあげれば次のとおり。

① 健康管理手帳の交付対象業務

労働安全衛生法の施行当初は三種類の業務が対象であったが一九七五（昭和五十）年一月に三業務が追加されて以来、現在の対象は十四種類と拡大された（施行令第二十三条）。

②　作業主任者を選任すべき作業の範囲

ガンマ線照射装置を用いて行う透過写真の撮影の作業、特定化学物質等を取り扱う作業（従来は製造のみ）などが追加された（施行令第六条）。

③　製造禁止物質の追加

一九七五（昭和五十）年にビス（クロロメチル）エーテルが追加された。その後、アスベスト（石綿）も対象とされている（施行令第十六条）。

④　製造許可物質の追加

労働安全衛生法の施行当初は四種類の物質であったが、塩素化ビフェニル（ＰＣＢ）などが追加され、現在の対象は七種類となっている（施行令第第十七条）。

⑤　規制対象物質の追加

塩化ビニル、β‐プロピオラクトン等を特定化学物質等として新しく規制対象とすること等、当時、問題とされていた数多くの物質が規制対象とされた。従来有機溶剤として規制されていたベンゼンを特定化学物質等として発がん性をも考慮した規制とする等の改正が行われた。

これらの施行令改正に伴って適用範囲の拡大された事項についての具体的な規制内容

は省令により規定されるため、それぞれの省令が改正されていることはいうまでもない。

2 作業環境測定法の制定―一九七五（昭和五十）年―

本書の第六章の３(1)に「公害防止の関心の高まりと労働衛生―昭和四十年代前半」として深刻化する公害問題と労働衛生の対応について述べた。昭和四十年代後半に入っても公害問題は依然として深刻な社会問題として取り上げられており、より科学的な管理が求められるようになってきた。

(1) 作業環境測定制度専門検討委員会

労働省は、作業環境管理のための「作業環境測定」の重要性に着目して、その適正な実施について検討を重ね「特定化学物質に係る作業環境測定指針」（第六章の３(5)参照）を公表するなど、作業環境測定が適正に実施されるよう努力してきた。この指針は一九七一（昭和四六）年に労働基準法に基づく省令として公布された特定化学物質等障害予防規則に定められた物質に係る作業環境測定を適正に実施するためのガイドブックであった。その指針が公表された直後に施行された労働安全衛生法では、その第六十五条に「作業環境測定」

に関する条文が設けられるなど、より科学的な作業環境測定の実施が求められるようになってきた。そのため労働省は引き続き「作業環境測定制度専門検討委員会」(委員長　坂部博之博士)を設けて検討を重ねていた。

(2) 作業環境測定士と環境計量士

そのような折、一九七三(昭和四八)年暮れ、通商産業省は、計量法を改正して計量証明の対象を、従来、「物の長さ」「物の重さ」のみであったものに公害測定における「濃度」も加えることを提案した。いわゆる「環境計量士」制度である。

時を同じくして、同年十二月、前記の作業環境測定制度専門検討委員会から「作業環境測定士制度のあり方について」と題する報告が出された。

さて、作業環境測定と公害測定では、どちらも「測定」というだけあって、最終的な濃度を「ＰＰＭ」とか「mg／m³」で表すことは同じかもしれないが、その過程、すなわち、どこの空気を測定するか、どのような方法で試料を採取するか(デザイン、サンプリング)という手法は大きく異なる。また、採取した試料を分析する際にもデザイン、サンプリングの手法を熟知していなければ、単に分析機器を操作するだけで正確な値を得ることは期待できないものである（前記委員会報告）。したがって、公害測定を目的とした環境計量士制度のみでは、作業環境の実態を把握するために行われてきた作業環境測定を適正に行うことは難しいのではないかという問題が提起された。ところが「計量法」は一般法であるため、計量法の改正により「環境計量士」の制度ができれば、それは作業環境管理のために行われる「作業環境測定」まで規制されることになり、作業環境測定の目的から不都合が生ずることとなる。このような問題点を踏まえ労働省が従来から検討してきた「作業環境測定」と通産産業省が新しく提案した「環境計量」の間の調整が行われることとなった。

(3) 作業環境測定法―一九七五（昭和五十）年―

労働省は、前述の報告書（作業環境測定士制度のあり方）に盛られた内容を実現するため「作業環境測定法案」を作成した。同法案は、翌年、一九七四（昭和四九）年二月の中央労働基準審議会の議論を経て、同年四月、第七十二通常国会に提案された。同法案は、衆議院において全会一致で可決され、参議院に送付されたが時間切れのため審議未了となり廃案の憂き目に遭った。そのため、翌年、一九七五（昭和五十）年二月の第七十五回通常国会に同じ内容で再度提案され、同年三月に参議院（参議院先議）の可決を経て、四月には衆議院でも全会一致で可決・成立し、同年五月一日に公布された。

前述のとおり作業環境測定は、職場の中の複雑な作業条件、施設と労働者との関係を考慮した測定条件の決定などの困難な技術的問題を伴っている。そのため、作業環境測定法の制定により、同法には作業環境測定士の制度を設けるとともに、労働安全衛生法に作業環境測定基準に従った測定を行うべきことを定めて「測定を行う人の能力の担保」と「測定方法を一定にすること」の両面から適正な作業環境測定の実施を確保しようとしたのである。また、大企業は、自社で作業環境測定士を雇い、作業環境測定に必要な機器を揃えて測定を実施すること(自社測定)が可能だが、中小零細企業では必ずしも自社測定が可能でない場合もある。そのような場合に中小零細企業は外部の機関(作業環境測定機関)に委託して作業環境測定を実施しなければならないこととなるが、その外部機関もしっかりしたものでなければならない。そのため同法は「作業環境測定機関」についても定めている。

(4)　作業環境測定法の施行準備事務

作業環境測定法は一九七五(昭和五十)年五月一日に公布された。施行期日は同法の施行に必要な準備期間を勘案して次のとおり三段階に分かれていた。

① 作業環境測定士試験の実施事務を行う機関の指定や試験実施のための公示など法の施行に必要な一般的な事項：同年八月一日

② 作業環境測定基準による測定の実施（労働安全衛生法の改正）：翌一九七六（昭和五一）年四月三十日

③ 作業環境測定士による測定：さらに一年後の一九七七（昭和五二）年四月三十日

この施行期日の規定により、法施行準備を行う事務方のノルマとして、②の施行期日である一九七六（昭和五一）年四月末までに労働安全衛生法に基づく「作業環境測定基準」を公表しなければならないことになるし、③の施行期日である一九七七（昭和五二）年四月三十日までにこの法律の適用を受ける事業場に十分な数の「作業環境測定士」が登録されなければならないことになる。

私は、同法の最初の施行の日（一九七五（昭和五十）年八月一日）、それまでの労働衛生課業務第二係長から中央労働衛生専門官の辞令をいただき、労働衛生課の主任中央労働衛生専門官をトップに、私（中央労働衛生専門官＝課長補佐級）、係長、それにスタッフ二人の五人で「翌年四月末の『作業環境測定基準による測定』の施行までに『作業環境測定基準』を間に合わせろ。さらにその翌年（一九七七（昭和五二）年）四月末の『作業環境測定士による測定』の施行までに十分な数の作業環境測定士が誕生するように、それまでに何回かの試験を行い、かつ、試験合格者が「作業環境測定士」となるために受講が義務付けられている講習を実施して、同法の施行に向かって混乱のないようにしろ」とのご下命が下った。この後、約一年間というもの、連日連夜、徹夜に近い作業が待っていた。それというのも作業環境測定法の要求している事項は、それまでに労働省の経験したことのないことばかりだったのである。そのいくつかをあげれば、

① 作業環境測定基準は、純粋に技術的なもので、学問的にいえば「統計学」と「化学」の分野である。それを法令として書かなければならない。さらに専門家からは「そのような技術的なものを法令により画一的に規制することは科学技術の進歩を阻害することにならないか」との苦情も出された。それをいかにして調整するかということは極めて難しいことであった。

② 作業環境測定士試験は、労働大臣の行う試験であるが、その試験事務を外部の民間団体に委託して行うことを前提とされていた。ところが、今では珍しいことではないが、当時、大臣が行う試験の事務を外部の民間団体に委託して行う試験は、「小型船舶運転免許」（モーターボートの免許試験）のみであった。作業環境測定士の試験とモーターボート

の試験ではその性格・規模が異なり、モーターボートの試験をそのまま真似することは現実性に乏しかった。もちろん労働省関係にはそのような国に代わって試験事務を代行できるような団体は存在しなかった。

そこで、作業環境測定士試験を行うには、先ず、国に代わってその事務を行える団体の設立から始めなければならなかった(正確には「団体を探さなければならない」であろうが、現実には官主導で「設立」するしかなかった)。

③ 紆余曲折はあったものの、関係者の協力を得て財団法人 作業環境測定士試験協会(現在の公益財団法人 安全衛生技術試験協会) が設立された。

それから試験実施に向けて動き出すわけであるが、試験問題作成に当たって試験員をどうするか、試験問題をどこで印刷するか、印刷した試験問題をどこに保管するか、受験者はどのくらいか、試験会場の確保は出来るか、試験時の監督者は確保できるか、試験は無事終わっても採点をどうするか、試験の公示は国において行うこととされたが、合格発表はどのような方法で行うか、等々難問が次から次へと出てきた。これらの問題点を一つひとつ解決していかなければならなかった。

④ さて、受験者であるが、作業環境測定士による測定の義務付けられる作業場の数から

推して、第一回試験の受験者は約一万人と見込んだところ、二万六千人近い受験申込者があった。さあ大変、試験場が足りない。方々の大学と交渉を重ねどうにか必要とする試験場が確保できた。

⑤　次は受験願書の受付と受け付けた後の受験資格、免除科目の審査である。予想を超える受験者数と、作業環境測定法と関連法令を見ていただくとお分かりのように、受験資格、免除科目は複雑である。それを誤りのないように審査する労力は大変なものであった。

このようにして、同法の施行準備作業は連日大混乱の連続ではあったが、とにかく第一回作業環境測定士試験は一九七六（昭和五一）年七月二十四～二十五日の二日間、幸いそれほど大きな混乱もなく終えることが出来た。

試験は終わっても、その採点、合格者の決定、さらに試験合格者の次の段階である指定講習の実施など、一九七七（昭和五二）年四月末に予定されている「作業環境測定士による測定」の規定の施行日までに行わなければならない事項は山積みしていたが、私は、第一回試験の終わった翌日、一九七六（昭和五一）年七月二十六日付けをもって山口労働基準局監督課長を拝命した。私が中央労働衛生専門官を拝命したとき（一年前）に多くの同僚が都道府県労働基準局の課長に転出していたものの、この時期に山口労働基準局に出していただいた上司・先輩のご配慮に感謝するとともに、私が転出した後も引き続き業務を遂行された方々のご苦労は大変なものであったと思う。

(5) その後

その後、一九七九(昭和五四)年に作業環境測定法第三十六条に基づく法人として社団法人日本作業環境測定協会(現・公益社団法人 日本作業環境測定協会)が設立された。また、一九八四(昭和五九)年には、一般に「六九通達」といわれた「作業環境測定の結果を評価するためのガイドライン」、さらに一九八八(昭和六三)年には労働安全衛生法に「作業環境評価基準」が取り入れられ、作業環境測定の実施、その結果の評価から作業環境改善に至る一貫した作業環境管理が行われることとなった。

3 特定化学物質等障害予防規則の大改正—一九七五(昭和五十)年—

一九七一(昭和四六)年に制定された特定化学物質等障害予防規則(特化則)は、一九七二(昭和四七)年十月の労働安全衛生法の施行に伴い、有害物の製造禁止や製造許可の制度が法的に導入されたことによる規定の新設、コールタールが第二類物質に追加されたことなど一部に改正が加えられたものの、基本的には従来の規制内容を踏襲していた。

ところが前述のとおり、新しい化学物質等により職業がん等新しい型の疾病の発生が問題となった。特に、六価クロム、塩化ビニル等、化学物質による重篤な職業性疾病の問題は社会的に大きな関心を呼んだ。

また、ＩＬＯにおいては一九七四（昭和四九）年に職業がん条約（第一三九号条約）、一九七七（昭和五二）年には作業環境条約（第一四八号条約）が採択されるなど職業性疾病の問題は国際的にも重視されてきた。

ＩＬＯの動きとは別に一九七二（昭和四七）年十月、世界保健機関（ＷＨＯ）の一つの機関である「国際がん研究機関」（ＩＡＲＣ）で開催された「がん研究作業部会」で「アスベストの発がん性」に関する数多くの発表がなされた。このころＩＡＲＣは「モノグラフ」を発刊して発がん物質の分類表も公表した。このように職業がんに関する国際的な関心が急速に高まってきた。

当時の「アスベスト」（石綿）に関する世間の認識（専門家を含め）は、アスベストはじん肺を起こす恐れのある物質で、その中では最も厳しい管理を必要とされる第一種粉じん（遊離珪酸を三十％以上含む鉱物性粉じん）というものが一般的であった。アスベストは工業的に幅広く使用されていたし、権威ある機関から勧告されていた職場での許容濃度は二mg／m³であった。そのアスベストに「発がんの恐れあり」との情報である。関係者が驚くのも無理はないことであった。ＩＡＲＣで「アスベストの発がん性」が問題とされた直後から、許容濃度は、従来の二mg／m³から一mL中の繊維数を数える方法に変えられた。重量を測る方法から繊維数を数える方法とされたため一概に比較はできないが、作業環境管理という点から見ると、許容濃度は一挙に十分の一から十五分の一以下に引き下げられたことになる。

さらに米国安全衛生庁（ＯＳＨＡ）は、ＯＳＨＡの規則制定手続きの一つである「緊急臨時基準」に従い十六の物質を「発がんの恐れあり」として規制することを提案した。

これら国の内外の職業性疾病に関する関心、とりわけ職業がん対策に対する社会の要請に応えるため、本章１に述べたとおり規制対象の拡大が図られるとともに、一九七五（昭和五十）年十月、特化則の大幅な改正が行われた。主なものをあげると次のとおり。

① 化学物質管理の基本的考え方の明示

化学物質による健康障害を予防するため、使用する原材料の毒性の確認はいうまでもないが、特にがん原性物質については、できるだけ代替物を使用する措置を講ずることや関係設備の改善等の措置を講ずることにより、ばく露される労働者の人数・ばく露期間・ばく露の程度をできるだけ少なくするよう努めなければならないことが明確にされた（特化則第一条）。

② 特別管理物質

発がん性の疑われる物質を「特別管理物質」として、それらの物質に関する健康診断記録、作業記録、作業環境測定記録などを三十年間保存することとされた。

③ 特殊な作業の管理

塩素化ビフェニル（ＰＣＢ）等の取扱い作業、アスベストの吹き付け作業、コークス炉作業、臭化メチルなどを用いて行う薫蒸作業、ダイナマイトの製造作業、ベンゼンなどを溶剤として取り扱う作業などについて特別規制がなされた。

④ アスベスト作業従事者の健康管理

従来アスベストの健康診断は、じん肺法に基づいて行われており、特化則では特段の規定がなかったが、じん肺予防の観点とは別に特化則においても職業がんの予防の観点から健康診断が規制された。

これらの重要な改正事項を含んだ特化則の改正は、一九七五（昭和五〇）年九月三十日に公布された。この改正による特化則の規制方法は現在まで続いている。

4 化学物質有害性調査制度の発足――一九七七（昭和五二）年――

(1) 職業性疾病対策強化の意見書

労働省は、職業性疾病、とりわけ職業がんの問題が大きな社会問題となったことに鑑み、前記1および2に述べたとおり適用対象の拡大や特化則を大改正してすみやかに対応してきたところであるが、一九七五（昭和五十）年十二月、中央労働基準審議会において労働側委員から職業性疾病対策の更なる充実強化を主な内容とする意見書が提出され、同時に労働安全衛生法の改正について検討されたい旨の要望がなされた。同審議会では、これを受けて労働安全衛生法の改正について労働災害防止部会で検討を進めた結果、一年後の一九七六（昭和五一）年十二月、「労働安全衛生法の改正等に関する報告」をまとめた。

(2) 労働安全衛生法の改正

労働省は、この報告を受けて「労働安全衛生法の一部を改正する法律案要綱」を取りまとめ、中央労働基準審議会における審議などを経て、次節に述べる「じん肺法」の改正案とあわせ「労働安全衛生法及びじん肺法の一部を改正する法律案」を作成した。同法案は、一九七七（昭和五二）年三月十五日に閣議決定を受け、国会に提出された。

国会においては、衆議院で同年四月二十九日に全会一致で原案どおり可決されたが、その後、同法律案に規定されていた有害性調査や疫学的調査に関する守秘義務規定に異論が出され、参議院においては同年六月九日に守秘義務規定にただし書を加える修正がなされたうえで可決され、同日衆議院の同意を得て成立した。

この守秘義務規定の議論は、現在ならば「個人情報保護」が最重要課題となろうが、このときは、化学物質の有害性調査制度の施行に際して企業のノウハウの確保との関連において「がんじがらめに守秘義務を課すことは学問の進歩を阻害し、結果として労働者の健康障害予防対策に悪影響を与える」というものであったと記憶している。

この法律改正によって、①新規化学物質の有害性調査、②既存化学物質の有害性調査、そして③疫学的調査の条文が加わった。

(3) 改正法の施行準備

法律改正の場合、改正法案の準備から国会での可決・成立、官報に公布されるまでに多大な労力を要することはいうまでもないが、それは一つのステップであって、事務方としては、その公布から施行までの準備事務も、これまた膨大な仕事である。中でも①の新規化学物質の有害性調査に関する施行事務は、とてつもない膨大な作業となった。

新規化学物質の有害性調査とは、労働安全衛生法の規定の施行日（一九七九（昭和五四）年六月三十日）に日本国内で工業的に製造・使用されていた化学物質と、法施行日以降に新規化学物質として有害性の調査が行われ労働大臣に届けられたとして公表された物質以外の物質を「新規化学物質」といい、新規化学物質を製造・輸入しようとする人は変異原性試験を行ってその結果を労働大臣に届けなければならない、というものである。そのためには、変異原性試験の手法を定めなければならないことのほか、この規定の施行のために一九七九（昭和五四）年六月三十日に日本国内で工業的に製造・使用されていたものを確定しなければならないこととなる。

私は、一九七八（昭和五三）年四月、山口労働基準局から労働省勤務を命じられ翌年六月末までの一年三カ月の間、改正法の施行準備作業に従事した。この時の業務の混乱ぶりは、

2に述べた作業環境測定法の施行準備の時と同等かそれ以上であった。親しくしていた労働関係専門誌の記者諸氏からは「○○法施行準備室（?）というと必ず後藤さんの顔を見るなぁ。ご苦労さん。後始末担当官殿とでもいうべきやなぁ」などとからかわれたことを覚えている。

さて、変異原性試験の手法を定めることは、労働省が今まで扱ったことのない分野、すなわち微生物であるため、従来からご協力いただいている専門家とは異なった分野の専門家を探してお付き合い願わなければならないという戸惑いはあったものの、順調に進んだ。問題は前述の「法施行の日までに日本国内で工業的に製造・使用されている化学物質を確定」する作業である。

労働者の健康問題となると製品のみならず製造中間体も対象としなければならないこととなる。製品として企業外に出される化学物質については問題ないが、製造中間体については、どこの企業でどのような化学物質を製造・使用しているかということは重大な企業秘密であり、それが外部に知れることは各企業にとって死活問題だという。当然のことながら各企業のノウハウを尊重しつつ行わなければならない作業であるため、業界団体で取りまとめることはできず、それぞれの事業場で製造・使用している化学物質名は、それぞれの企業から労働省に直接届け出てもらうこととなった。その数や合計十五〜二十万件に上った。それらの各企業から届けられた膨大な化学物質から重複するものを除き、かつ、正確な化学名を公表しなければならないことになる。

そのために化学物質命名法の権威の先生に協力を願って化学物質にコード番号をつけ、そのコード番号により分類して重複を除去した。未だコンピューターが発達していない時代のこと、このコード番号は「タナックカード」といわれたカードの所定のマスをマジック・インクで塗りつぶし、光学読み取り式の機械によって分類した。

(4) 公表化学物質名簿の公表

このようにして悪戦苦闘の結果、改正法の施行時に日本国内で工業的に製造・使用されていた化学物質は、「公表化学物質名簿」として約五万種類が公表された。改正法の施行後には、新規化学物質として試験が行われ労働大臣に届けられる物質は毎年約五百種類から、最近では一千種類を超えているという。

5　じん肺法の大改正―一九七七（昭和五二）年―

一九六〇（昭和三五）年にじん肺法が制定（第四章の２の⑶）されて以来、十数年が経過した。その間、産業活動の進展に伴う粉じん作業従事労働者数の大幅な増加、作業環境の変化によるじん肺発生状況の変化、じん肺に関する医学的研究の進歩等により一九六〇（昭和三五）年制定のじん肺法に定められている健康管理のあり方について再検討を要するという声が大きくなってきた。

そのような中、一九七四（昭和四九）年三月、第二十回じん肺審議会に労働側委員から「じん肺法改正についての意見書」が提出され、続いて第二十一回じん肺審議会に「じん肺関係法改正の要点案」が提出された。じん肺審議会はこれらを受けて検討を重ねた結果、一九七五（昭和五十）年九月、労働大臣あてに「意見書」を提出した。

それと並行して労働省は、同年六月に専門家からなる「じん肺健康管理専門家会議」（座長　勝木新次博士）を設置し、健康管理、心肺機能、環境管理の三つの分科会に分けてじん肺の健康管理に関する問題点の検討を進めた。同専門家会議は、一九七七（昭和五二）年七月「じん肺の健康管理のあり方についての検討結果」を報告書として取りまとめた。

労働省は、じん肺審議会から出されていた「意見書」と専門家会議の報告書に基づき「じん肺法改正の検討の方向」という文書を作成し、同審議会に諮問した。同審議会は、当該文書に含まれていた「じん肺法の一部を改正する法律案要綱」が適当である旨の意見を含めた「じん肺法の改正等に関する意見書」を労働大臣あてに提出した。

労働省は、この答申に基づき「じん肺法改正案」を作成し、前記の労働安全衛生法改正案とあわせ「労働安全衛生法及びじん肺法の一部を改正する法律案」として閣議了承をえた。同法案は、第八十回国会に提出され、可決・成立した。

また、改正じん肺法施行に当たっての細部については極めて技術的事項を含むため、引き続き「じん肺標準フィルム検討専門家会議」（座長 千葉保之博士）、「じん肺合併症検討専門家会議」（座長 久保田重孝博士）と「じん肺健康診断の方法等についての専門委員会」（座長 千代谷慶三博士）を設置して検討を続けた。

これにより、じん肺の合併症は、じん肺そのものとは別に適切な健康管理を行うこととなり、エックス線写真の像を基礎として五つに区分されたじん肺管理区分ごとに、じん肺の増悪を防止することを主眼とした改正じん肺法が施行されることとなった。

6　粉じん障害防止規則の施行―一九七九（昭和五四）年―

従来、粉じん作業従事者の健康管理は「じん肺法」によるきめ細かい規定があったものの、じん肺予防のための労働衛生工学的対策は労働安全衛生規則第五百七十六条（有害原因の除去）、第五百七十七条（ガス等の発散の抑制等）、第五百八十二条（粉じんの飛散の防止）など一般的な規定によっていた。その理由として考えられることは、①粉じんの発生の原因が非常に多様である。すなわち、物の破砕、ふるいわけ、研磨、仕上げ等の機械的処理をはじめ、袋詰め、運搬等においても必ずといっていいほど粉じんが発生するし、②発生した粉じんはガス・蒸気とは異なり堆積し、この堆積した粉じんによる二次発じんがある、③粉じんの種類が多く、その形状、重さ等が多岐にわたっており、④粉じんの発散が多くの産業で、その発散形態が産業によって千差万別なため、その防止対策が単一的でないこと等が挙げられていた。

一方、一九六〇（昭和三五）年のじん肺法施行以降、じん肺審議会をはじめとするいろいろな場所で粉じん発生源の濃度管理の重要性が議論されてきた。また、前記第5節の一九七七（昭和五二）年のじん肺法の改正時にも、じん肺審議会労働側委員からの意見書、じん肺健康管理専門家会議の分科会、日本産業衛生学会からの意見書などでも環境管理面からの粉じん対策の充実を図るべきであるとの強い指摘がなされた。

そのような各界の粉じん対策に対する意見、その後進歩しつつある粉じん対策の現状から、労働省は、実際の作業現場における粉じん問題を解決するためには、その作業場に最も適した粉じん対策の採用、適切な粉じん職場の管理、労使の自覚と協力等が総合的に組み込まれることが不可欠であるとの認識のもとに、専門家による検討、綿密な実態調査を進め、一九七九（昭和五四）年四月「粉じん障害防止規則」を労働安全衛生法に基づく労働省令として制定した。この規則は、じん肺法の粉じん作業からアスベスト関連（当時アスベストは特化則により規制）を除いた全てに適用される膨大な適用範囲を有する画期的なものである。

この規則では、労働衛生工学的対応を図るべき箇所を「特定粉じん発生源」として指定して必要な対策を具体的に規定している。改正されたじん肺法とともに粉じん対策は急速に進むこととなった。

第十章　施設の充実

前章は「法令の充実」として、労働安全衛生法制定以降数年間の法令の整備について述べた。本章では一九七八（昭和五三）年の有機溶剤中毒予防規則改正やこの時代に整備された施設・制度について触れることとする。

1　有機溶剤中毒予防規則の大改正―一九七八（昭和五三）年―

一九六〇（昭和三五）年に制定された有機溶剤中毒予防規則は、一九七二（昭和四七）年の労働安全衛生法制定時に一・一・一‐トリクロルエタンが第二種有機溶剤として規制の対象に加えられたほか、労働安全衛生法により制度化された局所排気装置の自主点検、雇入時・配置替え時の健康診断などについて新しく規定された。

また、ベンゼンは有機溶剤中毒予防規則制定のきっかけとなった物質だが、その後、いわゆる血液のがんといわれる白血病を引き起こす恐れがあることが明らかとなってきたことや、一九七一（昭和四六）年のＩＬＯ第五十六回総会において採択された「ベンゼンから生ずる中毒の危害に対する保護に関する条約」（ベンゼン条約）において、ベンゼンを溶剤として使用することが原則として禁止されたため、法令上「有機溶剤」から発がん物質など重篤な職業性疾病を引き起こす恐れのある物質とされている「特定化学物質」（当時の法令上は「特定化学物質等」）に移され、一九七五（昭和五十）年十月から特定化学物質等障害予防規則により規制されることとなり、有機溶剤中毒予防規則の対象から外された（第9章1を参照）。

一方、産業のますますの発展と工業技術の進歩は、新しい有機溶剤の利用・開発を促進し、従来から使用されてきた有機溶剤を大量に消費することも多くなった。それに伴う中毒発生事例も多発する事態となったため、有機溶剤中毒予防対策のさらなる充実が求められるようになってきた。それらの情勢を背景に労働省は一九七五（昭和五十）年九月、有機溶剤中毒予防規則を大改正してこれに当たることとした。

主な改正点を挙げれば次のとおりである。

① 有機溶剤の規制区分の変更

「トリクロルエチレン」は第二種有機溶剤から第一種有機溶剤に、「ノルマルヘキサン」は第三種有機溶剤から第二種有機溶剤とされた。

なお、正確にはこのときの有機溶剤中毒予防規則の改正により、法令上、従来の第一種有機溶剤、第二種有機溶剤、第三種有機溶剤という名称はなくなり、代わって第一種有機溶剤等、第二種有機溶剤等、第三種有機溶剤等ということとなった（例：「トルエン」の純品でも法令上は「第二種有機溶剤等」である）。

② 規制対象有機溶剤の追加

「N・N-ジメチルホルムアミド」「スチレン」「テトラヒドロフラン」が第二種有機溶剤等に加えられた。

私は学生時代に、高分子化合物の物性を調べるのに溶媒としてテトラヒドロフラン（THF）を大量に使ったことを思い出す。当時は主に実験室レベルで使用されていたTHFが、それから十数年の後、産業の現場でも大量に使用されるようになったため、法令による規制が必要となったのだなあと思ったものである。

③ 適用範囲の拡大

作業主任者を選任すべき作業の範囲、特殊健康診断を実施すべき業務の範囲、作業環境測定を実施すべき対象、名称等を表示すべき有機溶剤の範囲が拡大された。

④ 局所排気装置や全体換気装置などの性能要件が強化された。

⑤ 送気マスク、有機溶剤用防毒マスクを使用しなければならない業務が厳格にされた。
⑥ 有機溶剤取扱者の特殊健康診断項目の充実が図られた。

なお、二〇〇六（平成十八）年一月五日公布の労働安全衛生法関連の政・省令改正（同年四月一日施行）により、上記の「特定化学物質等」から「石綿」がはずれて「特定化学物質」となり、省令（規則）の名称からも「等」がはずれて「特定化学物質障害予防規則」となる。これは前年に「石綿障害予防規則」が制定されたことによる措置である。石綿障害予防規則については、章を改めて述べることとしたい。

2 労働省労働基準局に環境改善室の設置―一九七七（昭和五二）年―

一九七五（昭和五十）年五月に作業環境測定法が公布され、同年八月一日から施行された（第9章2参照）。この法律に期待されている諸施策を適正に施行するためには、常に、最新の、かつ、高度の技術に対応していく必要がある。同時に職業病予防に対する社会的関心の高まりとともに高度の職場環境改善対策が求められるようになってきた。作業環境測定法の期待する作業環境測定の適正な実施と職場環境改善対策は密接な関係にあり、労働衛生の分野では「労働衛生工学的対応」といっている。行政として、この労働衛生工学的対応を円滑に進めるため、一九七七(昭和五二)年七月に労働省労働衛生課に「環境改善室」が設置された。

環境改善室は労働省で最初の省令による「室」であったという。当時、労働省には労働省組織令(政令)に基づく労災保険業務室など幾つかの「室」と称する組織はあったが、労働省組織規程(省令)による「室」はなかったようである。

一般に中央官庁の「課」はそれぞれの省庁組織令(政令)により規定される。その政令で定められた「課」(ときには「室」ということもある)の中に「係」との間に中二階的な組織を置く場合に省令による組織が定められることがある。それを「省令室」といっている。

中央官庁における組織で、通常、内閣によって公式に認められた組織(国家行政組織法や各省庁設置法によって行政府の内部組織について内閣に委任されている)は、各省庁組織令に規定された「局」や「部」とともに「課」ということになる。省令は、制度上各省庁が独自に制定できるものであるため、その省令により定めた「室」は当該省庁の中でのみ認められた組織ということになるが、省令も官報に登載されて一般公衆に周知されるものであるから、その限りにおいては公に認められた組織ということになろう。なお、省令は、制度上、各省庁が独自に制定できるものであるとはいっても、省令により「室」を設置する場合、当然、そのための人員、経費などがかかるため、各省庁が独自で勝手に省令で室を設置することが許されるものではなく、政府部内の関係各方面の了承を得ているものであることは言うまでもない。

「環境改善室」の設置により、労働省に労働衛生工学的対策を専門に担当する組織が出来たことになり、職業性疾病対策の一層の充実が図られることとなった。この環境改善室の積み重ねた技術の成果によって、一九八八（昭和六三）年の労働安全衛生法改正による「作業環境測定、その結果の評価から作業環境改善までの一貫した労働衛生管理」の制度を創設することが出来たといっても過言ではなかろう。

私が環境改善室長を拝命したのは、一九八八（昭和六三）年の労働安全衛生法の改正が公布された直後のことで、その改正によって設けられた前記の「作業環境測定、その結果の評価から作業環境改善までの一貫した労働衛生管理」の制度の施行準備とその施行にあたった。このことについては次章で改めて述べることとするが、それより十数年前の一九七五（昭和五十）年当時、私は作業環境測定法の施行準備にあたっていたとき（第九章２⑷参照）、当時の行政管理庁（政府の組織を管理していた役所）をはじめ関係機関に職業性疾病予防のための労働衛生工学的対応の重要性を訴え、労働省労働基準局に「環境改善課」を設置するように折衝にあたった。この時、折衝にあたった関係各方面からは環境改善課の新設にかなり良い感触は得られていたものの、当時でも（現在ほどではないにしても）中央官庁に新しい組織の設置が認められることは容易なことではなく、作業環境測定法関連の業務を行うための職員の増員は認められたものの組織の新設はあと送りにされた。その後、私が山口労働基準局に転出してから作業環境測定法の施行事務にあたられた方々のご努力により、引き続き「環境改善課」新設の働きかけがなされ、その結果、政令による「課」は認められなかったものの、省令による「環境改善室」が認められた。

3　労働省労働基準局に化学物質調査課の設置——一九七九（昭和五四）年——

一九七七（昭和五二）年六月に労働安全衛生法の一部改正が行われ、「化学物質の有害性調査」制度が導入された。この法律の施行までに次のような多大な労力を要する作業が必要であった（第九章4参照）。

①　この法律施行日に日本国内で工業的に利用されていた化学物質をリストアップする作業

②　新規化学物質に課せられる有害性調査の手法

③ 事業者が新規化学物質の有害性調査を行って国に届け出る場合の手続き
④ 届けられた有害性調査結果評価のための専門家会議の設置
⑤ 新規化学物質として届けられたことを官報に公示して以降既存化学物質として取り扱われるように公表する方法
⑥ 届けられた有害性調査の結果、有害性有りと評価された物質の公表の方法

これらの法律施行の準備作業は、連日連夜、ほとんど徹夜に近い状況ながら、とにかく当時の労働衛生課の中で進められ、幸い大きな混乱もなく法の施行日を迎えることが出来た。しかし、この法律が施行されてから行政に課せられる業務は制度を適正に動かしていくことである。

特筆すべき事項として、労働安全衛生法に基づく化学物質の有害性調査制度、とりわけ「新規化学物質の有害性調査制度」では、新規化学物質が企業にとって新たに開発した物質であることや新しい工程に取り入れた物質など企業秘密の最たるものであることが多い。それを労働者の職業性疾病予防という観点から法令により国に届け出ることを事業者に義務付けたものである。したがって、届出を受けた国にも慎重にも慎重を期して取り扱うことが要請される。

なお、この制度を施行するためには次のような新しい業務があげられる。

① 事業者から新規化学物質の有害性調査結果の届出がなされた場合に調査が適正に行なわれているか、当該物質を取り扱う労働者の健康被害の可能性はあるかなどの審査（前記④の専門家会議の運営）

② 専門家による審査の結果、労働者の健康被害の可能性ありと結論された場合の公表（前記⑥の公表）

この制度によれば新規化学物質として届けられるとその名称のみが官報に公示される。名称が公表されるとその日以降既存化学物質として扱われ、何人も有害性調査を行なうことなく製造・輸入することが可能となる。そのため、専門家による審査の結果、労働者の健康被害の可能性ありと結論された場合には適正に周知する必要がある。

③ 国による有害性調査の実施

④ 当時、わが国では五万種類以上の化学物質が工業的に製造・使用されていた。そのほとんどはきちんとした有害性調査が行われていない状況にあった。それらの中には労働者の健康に悪い影響を与える恐れのあるものも含まれていることが想像される。それらのものによる労働者の健康障害予防方法の検討

有害性のはっきり分からない化学物質が職場に導入されているという点に関しては、現在でも事情は当時とあまり変わらないが、職場で化学物質を使用する場合に少なくとも「使用している物質が何なのか（物質名）」を知り、出来る限りその安全取扱いの方法、有害性等の情報を把握することが要請されている。

⑤ 言うまでもないが、職業性疾病といっても症状的には職業に関係なく発症する疾病と区別のつかないものが多い。職業性疾病予防のためには特定の職業に従事する労働者と罹りやすい疾病の関係を明らかにして対策を取る必要がある。そのために統計的手法を用いた調査が行われている。それを「疫学的調査」という。化学物質の有害性調査制度の創設と同時に労働安全衛生法の改正により労働大臣に疫学的調査を実施する権限を与えている（労働安全衛生法第百八条の二）。この法により認められた疫学的調査を適正に実施すること

新規化学物質の有害性調査の場合、企業のノウハウの保護が問題とされるが、疫学的調査の場合には、多くの個人情報を取り扱うためプライバシー保護に十分配慮する必要がある。プライバシー保護に十分注意しつつ職業性疾病予防のために適正な疫学的調査を行うことが要請される。

⑥　次の4に述べる「日本バイオアッセイ研究センター」の設立構想が決定され、その設立準備、さらには同センターが開所した後の運営

これらの労働安全衛生法による化学物質の有害性調査制度の施行に伴う事務を行うことを目的として、一九七九（昭和五四）年七月一日に「化学物質調査課」が設置された。

私は、当時、法律施行の準備作業と並行して、この制度を適正に運営するために新しい組織（課）が必要であることを関係各方面に説明することに明け暮れたことを思い出す。話はさかのぼるが、私は、一九七五（昭和五十）年に作業環境測定法の施行準備中に労働衛生工学的対応の必要性を訴え「環境改善課」新設の要請を行ったと述べた（前記2参照）。それから、たった三年しか経っていなかったが、中央官庁に新しい組織を設けることの難しさは、さらに厳しさを増していた。この時は三年前に行った環境改善課新設の要請時に比べて関係者から得られる感触は良いものではなかった。折衝した相手は口をそろえて「労働安全衛生法の改正により設立された化学物質の有害性調査制度により、新しい業務が多く発生すること。それが企業のノウハウや個人情報の保護と職業性疾病予防との間に立った非常に難しい業務であることは十分理解できる。しかし、時代が悪い。中央官庁に組織を新設する場合はスクラップ・アンド・ビルドが原則」といわれたことも覚えている。

そのような情勢にもかかわらず化学物質の有害性調査制度の重要性と困難性が関係各方面に理解されて上述のとおり、この制度のスタートの日（一九七九（昭和五四）年七月一日）から「化学物質調査課」が発足した。

この当時、政府は行政改革のため毎年計画的に一定数の課を削減していた。その予定された削減はスクラップ・アンド・ビルドのスクラップの対象には入らないこととなっており、組織新設の場合の「スクラップ・アンド・ビルド」とは、その計画的な削減とは別にスクラップしたものの代わりに新しいものを認めるというものであった。そのような原則の中にあって「化学物質調査課」は、いわゆるスクラップなしに新設されたものであり、当時、いかに化学物質対策が重視されていたかということが改めて思い起こされる。それから長い間、化学物質調査課は、労働省のスクラップなしに新設された最後の課といわれてきたものである。

4　日本バイオアッセイ研究センターの設置―一九八二（昭和五七）年開所―

労働安全衛生法に化学物質の有害性調査制度が設けられたとき、新規化学物質に課せられた有害性調査はがん原性のスクリーニング試験（実際にはエームステストといわれる微生物を用いる変異原性試験）であるため、それほど大きな施設は要らず、わが国にいくらかの試験可能な施設はあった。しかし、同法が既存化学物質の有害性調査として期待していた発がん性試験には大きな施設と多くのお金が必要となる。労働安全衛生法の改正では、その第五十七条の四（現・第五十八条）に「国は、前二条（注：新規化学物質の有害性調査と既存化学物質の有害性調査）の規定による有害性調査の適切な実施に資するため、化学物質について、有害性の調査を実施する施設の整備、資料の提供その他必要な援助に努めるほか、自ら有害性の調査を実施するよう努めるものとする」と国の義務を規定された。また、同法を審議した国会は、国による動物実験施設の整備についての付帯決議を行なった。

このように国をあげての化学物質による障害の防止に取り組もうという機運のもとに一九七七（昭和五二）年十一月に「日本バイオアッセイ研究センター」設置の決定がなされた。その後、センター開所まで、設置すべき候補地の選定、設置地が神奈川県秦野市と決定してからは設置地付近住民との折衝など、連日大変のようであった。また、土地問題の交渉と並行して設立すべき施設についての検討もなされた。何しろ国際水準に合った大型の発がん性試験を実施できる吸入試験施設というものは、当時のわが国では他に類を見ないものであったから、その検討も大変なものであったことは容易に理解できる。

このようなご苦労の末、一九八二(昭和五七)年四月、センターは開所し、中災防が国から化学物質の発がん試験の委託を受けて運営を行い、多くの成果をあげている。現在は、独立行政法人労働者健康安全機構の試験研究機関として、国の委託を受けたがん原性試験が行われている。

5　顕在化した振動障害の問題

振動工具による障害については、すでに前の時代、すなわち「発展の時代」に技術革新とともに顕在化した職業性疾病として述べた(第五章1(4)参照)。振動工具使用による労働衛生問題としては、有害化学物質による「化学障害」とともに「物理障害」の代表として対応されてきた(同上)。しかし、これまでのところ「物理障害」が「化学障害」に比べるといくぶん影が薄かったことは否めない。その理由として、労働衛生問題が広く一般国民の関心を集めることとなったのは「大気汚染」と「水質汚濁」に代表される公害問題と並行したもので、その場合の「大気汚染」と「水質汚濁」の原因が「化学物質」であることから、この時代の労働衛生問題においても「化学障害」が大きな問題として取り上げられてきたものと考えられる。

これに対して行政は、一九七一（昭和四六）年の特定化学物質等障害予防規則の制定に始まり、一九七五（昭和五十）年の作業環境測定法の制定や特定化学物質等障害予防規則の大改正、一九七七（昭和五二）年の労働安全衛生法に基づく化学物質の有害性調査制度の創設、一九七八（昭和五三）年の有機溶剤中毒予防規則の大改正、さらには日本バイオアッセイ研究センターの設置など一連の対策を採ってきたことも既に述べた。

さて、この「有害化学物質」対策が一段落したところ、突如、振動障害が労働衛生の最大問題としてクローズアップされてきた。労働省は一九七七（昭和五二）年一月に「排気量が四十立方センチメートル以上の内燃機関を内蔵するチェーンソーは、厚生労働大臣の定める規格（構造規格）を具備すべき機械」に指定したが、この構造規格に合わない振動の大きなチェーンソーが依然として多く使用されていた。そのため労働省は一九七九～一九八〇（昭和五四～五五）年の両年度、「チェーンソー買い替え補助事業」を設けて構造規格に適合したチェーンソーに買い換えた者に補助金を渡す制度を実施した。

また、一九八一（昭和五六）年七月には「振動障害防止推進計画」が策定された。この計画により、振動障害防止対策、補償対策、社会復帰対策等振動障害に関する対策が総合的に推進されてきた。その結果、振動障害の新規認定者数は漸次減少の傾向を示すなどの成果は認められているが、いまだに相当数の振動障害の発生が認められているところから、二〇〇九（平成二一）年には新たに「振動障害総合対策要綱」を定めて、その防止対策が進められている。

6　中小企業対策の充実

中小規模事業場では大企業に比べて労働災害発生率が高い。また、発生する労働災害の全体に対する割合も非常に高く八十％以上が労働者数百人以下の事業場で発生している現状にある。したがって、わが国の労働災害の減少を着実なものとするためには、中小規模事業場における安全衛生活動を促進し、労働災害防止を図ることが重要な課題である。しかし、中小規模事業場では安全衛生対策を取るにしても大企業に比べて資金面・人材面で必ずしも可能でないなどの問題がある。このことは今に始まったことではなく古くから十分認識され、国においてもいろいろな対策が取られてきた。

なかでも「中小企業巡回特殊健康診断助成制度」は古く一九六一（昭和三六）年から実施されているが、大規模に総合的に行われるようになったのは一九七七（昭和五二）年から実施された「中小企業労働者健康管理事業助成制度」からであろう。また、一九八一（昭和五六）年には中小企業労働者健康管理事業助成制度の作業環境管理版である「中小企業共同作業環境管理事業助成制度」が創設された。前者は「健管事業」、後者は「環管事業」といわれ、この時代の中小規模事業場対策の基本であった。その後、一九八六（昭和六一）年に「健管事業」と「環管事業」は発展的に見直され、さらに充実した形で「中小企業共同安全衛生改善助成制度」が発足した。

中小規模事業場対策は、その後、一九九五（平成七）年には「中小企業安全衛生活動促進事業制度」、一九九九（平成十一）年には「小規模事業場等団体安全衛生活動助成事業」（愛称「たんぽぽ計画」）が実施され、二〇一三（平成二五）年度からは「中小規模事業場安全衛生サポート事業」が始まり、現在に至っている。

7　VDT作業における労働衛生管理のための指針――一九八五（昭和六十）年――

いつごろから「パソコン」というものが出現したのだろうか。はっきりは記憶していないが、パソコンが出始めたころ「八ビット」のパソコンでゲームを楽しんだことや今から考えると極めて初歩的なものであるが「ワープロソフト」もあった。そのような初歩的なものであったにもかかわらず価格は今に比べてはるかに高く数十万円したことを覚えている。それが「十六ビット」に進化して飛躍的に性能が向上した。このころ日本語ワープロソフトに「一太郎Ｖｅｒ．３」とか「Ｖｅｒ．4.3」が出回り、ワープロでこのようなことまで出来るのかと驚いたものである。さらに処理速度の速い「三十二ビット」が出現した等々思い巡らすと、それが、つい、最近のような気もするが、気が付いたらマイクロエレクトロニクスや情報処理を中心とした技術革新によりＩＴ（情報技術）化が急速に進んでいた。それに伴ってＶＤＴ（Visual Display Terminals）が広く職場に導入され、誰もが職場においてＶＤＴ作業を行うようになり、ＶＤＴ機器を使用する者が急速に増大した。

このＶＤＴ機器を使用する者が急増したのが一九八五（昭和六十）年前後ではなかろうか。一九八四（昭和五九）年から一九八五（昭和六十）年にかけてＶＤＴ機器を使用する者の健康影響が大きな問題として取り上げられた。本書の第五章に同系統の問題を「新しい職業性疾病の出現」として「キーパンチャーの腱鞘炎」（第五章１(2)参照）と「金銭登録作業による頸肩腕症候群」（第五章１(3)参照）を取り上げた。それらの問題は、その当時に「新しい職業性疾病」として大きく取り上げられ大きな社会問題となったが、一九八五（昭和六十）年前後のＶＤＴ問題も、まさに、その再現の様相を呈していたことを記憶している。

確かにＶＤＴ機器を使用する者を対象とした調査では「精神的な疲労」や「身体的な疲

労」を訴える人が多かったし、外国文献ではいろいろな障害の可能性が指摘されていた。しかし、わが国はもちろんのこと、世界的にも、未だ一般的に使用されるようになってから日の浅いＶＤＴ機器を使用する際のＶＤＴ作業と作業者の健康影響についてはそれ程多くの知見が集積されているわけでなく、外国文献でもその評価はまちまちだった。

労働省は、国内外の文献を集め、それらを評価し、専門家の意見を聞きながら一九八五（昭和六十）年十二月に「ＶＤＴ作業のための労働衛生上の指針」を公表した。この指針を適正に順守することによりＶＤＴ問題は沈静化した。その後、職場のＩＴ化はますます進み、ＶＤＴ作業がますます多くの職場で行われるようになってきたし、ＶＤＴもブラウン管から液晶が主流となるなど、職場環境、作業形態等についても大きく変化してきた。それに伴い心身の疲労を訴える作業者がさらに高い割合を占める状況になったため、それに対処するため厚生労働省は二〇〇二（平成十四）年四月、前記の一九八五（昭和六十）年に示した指針を改定して新しく「ＶＤＴ作業における労働衛生管理のためのガイドライン」を定めた。その後、スマートフォンやタブレットなど取り扱う機器や労働者の働き方が多様化してきたことから、同ガイドラインは二〇一九（令和元）年に「情報機器作業における労働衛生管理のためのガイドライン」に改められ、今日に至っている。

第十一章　健康確保・作業環境管理の充実

わが国の社会が高齢化したと言われだしたのは何時ごろからだろうか。

人口の年齢構造を分析する場合、〇～十四歳を「年少人口」、十五～六十四歳を「生産年齢人口」、六十五歳以上を「高齢人口」という。高齢化とは、総人口に占める高齢人口の比率（高齢化率）の高いことをいう。一般に高齢化社会は、その高齢化率によって、高齢化社会（七％超～十四％）、高齢社会（十四％超～二十一％）、超高齢社会（二十一％超）と分類されている。

この分類によれば、わが国は、一九七五（昭和五十）年に高齢化社会に、二〇〇二（平成十四）年に高齢社会となり、二〇一〇（平成二二）年には超高齢社会に突入した。したがって、ここまで述べてきた一九七六（昭和五一）～一九八九（平成元）年は、その当初において、すでに高齢化社会に入っていたことになる。

この時代の前半には次から次へと発生した職業性疾病が大きな社会問題となったが、その後半には一九六〇年代後半から官民挙げての労働災害防止の積極的な取組みが効果をあげはじめ、その発生件数は減少傾向に転じた。一方、労働力人口の急速な高齢化による労働者の健康問題は深刻さを増し、労働者の健康保持増進対策は労働者自身のみならず、企業にとっても、国家にとっても避けて通ることの出来ない課題となってきた。

そのような社会の要請に応えるため、労働安全衛生法の一般健康診断項目に労働力の高齢化に伴う、いわゆる生活習慣病の予防・早期治療を目指すものが取り入れられてきたし、この時代の後半における労働衛生の重点は、職業性疾病の予防も然ることながら「働く人々の健康づくり」活動が主体となってきた。

1　労働安全衛生法における一般健康診断項目の推移

わが国では、古くから労働衛生の現場を含め、国民の健康問題で最大の課題は「結核対策」であった（第二章1参照）。その対応に全国民を①学域（生徒、学生、教職員）、②職域（労働者）、③一般公衆（学域、職域に属さない一般人、家庭の主婦など）の三つに分け、それぞれの人の所属する集団において、結核の早期発見と早期治療を主眼とした健康管理が行われる仕組みとなっていた。したがって、②の「職域」を担当してきた従来の労働衛生における一般健康診断は、国の結核対策の一翼を担っていたといえる。このことは、労働基準法時代の労働安全衛生規則に定められた健康診断項目の主なものは「胸部エックス線検査、ツベルクリン皮内反応検査、赤血球沈降速度検査、喀痰検査」であったことからも分かる。

なお、現在の法令では「一般健康診断」という用語は見当たらないが、特定の有害業務従事者に対する特別の項目についての健康診断、いわゆる「特殊健康診断」に対比して全ての労働者が受診することとされている健康診断という意味で使用することとするのでご了承いただきたい（一九八九（平成元）年の労働安全衛生規則の改正により、同規則第五十一条により作成することとされている健康診断の記録は「一般健康診断個人票」から「健康診断個人票」とされた）。

(1) 労働安全衛生法制定時――一九七二（昭和四七）年――

労働安全衛生法施行に伴い同法に基づいて制定された労働省令は原則として「従来の労働基準法に基づいて施行されていた省令の内容をそのまま引き継ぐ」（第七章1(6)(イ)参照）こととされていたが、その例外として新しい労働安全衛生規則では、一般健康診断の項目に「血圧の測定並びに尿中の糖及び蛋白の有無の検査」が新しく加えられた。わが国が高齢化社会の仲間入りをしたのは一九七五（昭和五十）年であるが、その三年前の一九七二（昭和四七）年当時でも、すでに、労働力の高齢化が問題とされつつあった。そのために一般健康診断にいわゆる成人病（現・生活習慣病）検診に当たる項目が追加されたことになる。

そのとき、それらの項目の検診を労働安全衛生法により事業者に強制して実施させることの適否が大議論となったことを覚えている。当時、国の結核対策の一翼を担うものとして一般健康診断で労働者の結核予防のための検診を行うことについての合意は出来ていたが、成人病予防まで事業者の義務か否かということが問題とされたものであった。

そのような問題提起がなされ、かなり厳しい議論は行われたが、国民の健康問題としての結核の占める割合の相対的低下とともに、社会の高齢化に伴う成人病問題の重要性が認識され、これを契機に労働衛生の分野でも成人病対策が重視されるようになった。

(2)　一般健康診断項目の大幅な拡大――一九八九（平成元）年――

一九八九（平成元）年に労働安全衛生規則が改正され一般健康診断項目に貧血検査、肝機能検査、血中脂質検査及び心電図検査などの成人病関連のものが大幅に取り入れられた。この時も「どの範囲までの成人病検診が事業者の義務か」という労働安全衛生法制定時に「血圧の測定並びに尿中の糖及び蛋白の有無の検査」が加えられた時と同じ議論が繰り返されたが、急速な社会の高齢化に対処するためには職域における健康診断においても成人病の早期発見・早期治療に資する必要があることから、それらの項目の検診を行うことが合意された形となった。このことは、企業にとっても、労働力の高齢化により否応なしに抱えなければならない中高年齢労働者の健康確保に貢献することとなり、社会的にも、健全な社会の発展に寄与する有意義なことであると理解されたことによるものであろう。

この時の労働安全衛生規則の改正に当たっての施行通達では「最近の高齢化社会の著しい進展等により、脳血管疾患、高血圧症、虚血性心疾患患者等のいわゆる成人病を有する労働者が増加している。このような成人病を有する労働者に対し、職務上の適正な配置がなされない場合にはこれらの疾病が増悪することもある。さらに、成人病は、いったん発症すると適切な健康管理をしない限り進行することが多い。したがって、労働者一人ひとりに着目した疾病の予防とその早期発見のため、定期的に健康診断を行いその経時的な変化にも留意して適切な健康管理を行うことが極めて重要」とし、さらに「このため、貧血検査、肝機能検査、血中脂質検査及び心電図検査を健康診断項目に加えるとともに、従来からの健康診断項目の内容を充実する等その積極的な対応を図った」としている。

その後、一九九八（平成十年）年に脳・心臓疾患等に係る健康診断項目として一般健康診断項目に「高比重リポ蛋白コレステロール（HDLコレステロール）の検査」と「血糖検査」が追加されたが、このことについては次の時代（転換の時代）で述べることとする。

2　シルバー・ヘルス・プラン（SHP）の誕生―一九七九（昭和五四）年―

本章の冒頭にわが国は一九七五（昭和五十）年に高齢化社会の仲間入りをしたと述べた。その前後から労働力人口の高齢化問題とその対策が盛んに議論されるようになった。とりわけ労働者の健康問題については、①労働力の高齢化が社会的にも、企業内においても進行してきたこと、②高年齢労働者の増加とともに若年労働者が不足するという事態が現実化して定年延長の指導が図られる状況となったことなどの状況を迎えて、中高年齢労働者の健康を保持し、増進し、労働適応能力の開発・向上を図ることは、企業にとって極めて重要な課題となってきた。その結果、「中高年齢労働者の健康づくりによって企業が優れた労働力を保持することは、健全な社会の発展に寄与することにもなり、社会的にも有意義なことである。このような『健康づくり』は、個々の労働者が自分の生活を通じて健康を保持し、増進し、労働生活の質の向上を図ることの意義を自覚した上でセルフ・ケア（自主的に自分の健康を管理すること）を行い、生活全体のリズムの中にセルフ・ケアを自然に組み込んだ健康的な生活習慣の確立によって、はじめて達成できる性格のものである」と理解されるようになってきた。

そのような社会情勢を反映して、労働省は、一九七九（昭和五四）年七月に「中高年齢労働者健康管理事業補助制度実施要綱」を定め、中災防を補助事業者として、「中高年齢労働者の健康づくり運動」（シルバー・ヘルス・プラン＝ＳＨＰ）を実施することとした。

ＳＨＰは、そのターゲットとする中高年齢労働者を「三十五歳以上」とし、それら中高年齢労働者個々人の生活の中に健康習慣を定着させて心身の健康を保持増進し、労働適応能力の維持向上を図ることを目的としている。具体的な内容として、①ヘルスチェック実施体制の整備、②指導者の養成、③健康づくりプログラムの作成と各事業場、各労働者への提供、④健康づくりのための施設の整備を挙げていた。

月刊誌『労働衛生』（中災防の発行していたもので現在では月刊誌『安全』と統合されて『安全と健康』となっている）の一九八〇（昭和五五）年八月号に当時の労働省労働衛生課長 林部弘先生が「〝シルバー・ヘルス・プラン〟は企業における中高年齢労働者の健康づくりを目指す、ひとつの試行的な計画である」と書いておられるように、「ＳＨＰ」という新しい構想をまえに、労働省、中災防とも試行錯誤の連続であったという。このあたりの事情は

『中央労働災害防止協会三十年の歩み』（一九九四年刊行）によれば「当初、一般中高年齢者を対象とする健康教室（通称「ヘルスパック」）の事業化を目指して準備していたが、急遽、指導者養成に方針が変わり、カリキュラムやテキストづくりに奔走した」と当時の苦労を述べている。

ＳＨＰは、一九八八（昭和六三）年に「心とからだの健康づくり運動」（トータル・ヘルス・プロモーション・プラン＝ＴＨＰ）へと発展していくわけであるが、一九七九（昭和五四）年の発足以来ＴＨＰにバトンタッチするまでに、ヘルスケア・リーダー研修修了者六千五百五十名、ヘルスチェック研修修了者二百九十一名を養成した。これらのＳＨＰ指導者を通してＳＨＰ運動は企業の中に浸透していった。また、一九八四（昭和五九）年からは中災防の主催している全国産業安全衛生大会に「ＳＨＰ集会」を設け、以降、多くの参加者を得ている。もちろん現在でも全国産業安全衛生大会において「健康づくり分科会」として盛大に開催されている。

3　トータル・ヘルスプロモーション・プラン（ＴＨＰ）――一九八八（昭和六三）年――

その後、労働力人口の高齢化は、ますます進み、高血圧症や高脂血症、糖尿病などの成人病が増加してきた。その予防には若いうちから健康的な生活習慣を身につけることが必要であるとされている。そのため、従来の三十五歳以上の労働者を対象としてきたＳＨＰでは不十分であると指摘されると同時に、加齢に伴う心身の機能低下がおよぼすストレスによる心の健康問題への対応も求められるようになった。

さらに、健康づくりに関する関心は、海外でも高まりつつあり、世界保健機関（ＷＨＯ）では、一九八六（昭和六一）年に健康づくりにとって重要な「オタワ宣言」を採択した。これが契機となって「ヘルス・プロモーション」（健康増進）の考え方が広く知られるようになった。

(1) 労働安全衛生法の改正と指針の公表

このような状況を背景として一九八八（昭和六三）年五月に労働安全衛生法が改正され、同法に「健康の保持増進のための指針の公表等」（第七十条の二）の条文が加えられた。同年九月には同条第一項の規定に基づいて「事業場における労働者の健康保持増進のための指針（ＴＨＰ指針）」が公表された。

この指針は、事業場において労働者の健康保持増進を図るために必要な措置の原則的な実施方法について定めたもので、①健康保持増進計画の策定、②事業場内健康保持増進対策推進体制の確立、③労働者健康保持増進サービス機関の利用（中小零細企業など事業場内で労働者の健康保持増進のための措置が取れない場合に外部のサービス機関を利用する）、④健康保持増進措置の内容（健康測定、運動指導、メンタルヘルスケア、栄養指導、保健指導）などについて定めていた。

(2) 心とからだの健康づくり運動：トータル・ヘルスプロモーション・プラン（ＴＨＰ）の展開

労働省は、前述の労働安全衛生法改正、同改正条文に基づく指針の公表に加えて、一九七九（昭和五四）年から実施してきたＳＨＰをさらに発展させて、一九八八（昭和六三）年から「心とからだの健康づくり運動：トータル・ヘルスプロモーション・プラン（ＴＨＰ）」を展開することとした。

ＳＨＰからＴＨＰに移行して次の点が充実された。

①　ＳＨＰの対象が三十五歳以上の、いわゆる中高年齢労働者であったものを、年齢に関係なく全ての労働者を対象として、若い頃から継続的、計画的に健康づくりを行うこと

② 心とからだの両面からトータルな健康づくりを進めること

③ サービス機関などの支援を行うことにより中小零細企業でも健康づくり運動を展開できるようにすること

④ 国の助成制度を利用しやすくすること

具体的には、事業場の衛生委員会等の審議を得て、健康づくりの計画や協力体制をつくり、これに基づいて、医師（産業医）、運動指導担当者、運動実践担当者、心理相談担当者、産業栄養指導担当者、産業保健指導担当者の六分野の指導者がそれぞれ専門性を活かしつつチームを組み、働く人の一人ひとりに対して健康測定や各種の指導を進めるものである。

一九七九（昭和五四）年のＳＨＰの発足以来、労働者の健康づくり運動を進めてきた中災防は、衛生管理部におかれたＳＨＰ推進室を一九八八（昭和六三）年四月に「健康確保推進事業準備室」とし、さらに同年十月には衛生管理部から独立して「健康確保推進部」としてこの運動を積極的に展開した。

ＴＨＰ指針はその後、数次の改正を経て、二〇二一（令和二）年三月には、策定から三十年以上を経過し産業構造の変化や高齢化の一層の進展、働き方の変化等、日本の社会経済情勢が大きく変化したことを踏まえ、事業場における健康保持増進対策がより推進されるよう必要な見直しが行われ、事業者は健康保持増進対策の推進体制を確立するために、労働衛生機関、中災防、スポーツクラブ、医療保険者、地域の医師会や歯科医師会、地方公共団体または産業保健総合支援センター等の事業場外資源を、事業場の実態に即して活用することとされた。

さらに、二〇二一（令和三）年には、定期健康診断に関する記録の写しの提供やコラボヘルスの取組み等、事業者と医療保険者とが連携した健康保持増進対策が推進されるよう、二度にわたり改正が行われ、現在に至っている。中災防では、「健康確保推進部」から改組された「健康快適推進部」が、スタッフの養成や活動支援を行っている。

4　生物学的モニタリングの労働衛生管理への導入――一九八九（平成元）年――

生物学的モニタリング（バイオロジカルモニタリング）とは、有害物質を取り扱う労働者について、血中や尿中の有害物質またはその代謝物の濃度を測定し、当該物質へのばく露の状態を把握することをいう。

従来の健康診断では、どちらかというと疾病の初期症状を発見して、その早期治療、増悪の予防に主眼がおかれていた。一方、生物学的モニタリングによれば、従来行われてきた有害物質による健康障害の早期発見から一歩進んで、検査結果から今後の健康障害の発生を予知し、その予防対策を進めることが可能となる。そのため、産業医学の専門家の間では、生物学的モニタリングの労働衛生管理への導入が急務との認識が一般化してきた。

古くから鉛や特定化学物質として規制されている一部の金属類（化合物も含む）の健康診断において、血中または尿中の当該金属の量そのものを測ることは行われていたが、当該有害物が人の体内で代謝されて出来た物（代謝物）の検査は行われていなかった。

一九八〇年代となると、有害物質を取り扱う作業環境が改善され、従来のような典型的な職業病はほとんど見られなくなり、代わって微量の有害物質に長期間ばく露されることによって発症したことが疑われる慢性疾患的な疾病が問題とされつつあった。そのような微量の有害物質しか存在しない作業環境下において従来の健康診断では、適切な健康管理は難しいのではないかとの指摘がされ始めた。労働省は、それに対し上述のような産業医学の専門家の声を背景に生物学的モニタリングの労働衛生管理への導入を決定し、一九八八（昭和六三）年十二月、中央労働基準審議会に「有害物質にばく露される環境の変化に対応した健康診断項目の改正」としてキシレン、N・N－ジメチルホルムアミド、スチレン、テトラクロルエチレン、トリクロルエチレン、一・一・一－トリクロルエタン、トルエン、ノルマルヘキサンの八種類の有機溶剤と鉛の特殊健康診断において生物学的モニタリングを導入することを諮問した。諮問を受けた中央労働基準審議会では同審議会労働災害防止部会において慎重に審議した結果、一九八九（平成元）年五月に諮問どおり改正することが適当である旨の答申を行った。

さて、この省令案要綱の中央労基準審議会の諮問から答申までの審議に六カ月近くかかっていることに、疑問をお持ちの方もあろうかと思う。ちなみに労働安全衛生法制定の時でさえ、労働省の正式諮問から答申まで三カ月あまりであった。その理由の一つに挙げられるのが、産業現場において労働衛生管理活動を担当しておられた方々からの、生物学的モニタリングを労働衛生管理へ導入することについての疑問の声であった。確かに産業医学の専門家の間では有害物質への長期・微量ばく露の作業環境下においては代謝物の量を測ることによりばく露量を推定して健康障害の発生を予知し、その予防対策を進めることが可能となる生物学モニタリングの労働衛生管理への導入は、今後極めて重要との見解で一致していたものの、実際の産業現場では、代謝物の量の検査結果をどのようにして労働衛生管理に活かすのか。たとえば、代謝物の量が「これこれしかじかの値以上の場合は将来健康障害が発生する恐れがあるといえるのか」、また、「その反対にこの値以下なら安全といえるのか」といったようなものであった。残念ながら、当時は、一部の研究者のもとにはある程度のデータが得られていたものの、生物学的モニタリングの考え方、測定手法が、いまだ一般化しているとはいえず、そのようなデータの集積はできていないといわざるを得なかった。そのような状況下において、生物学的モニタリングを法令により強制的に労働衛生管理に導入することは、それに要する経費の問題はもちろん、労働衛生管理に混乱を招くだけであるというわけであった。

一方、産業医学の専門家のみならず労働衛生に携わる関係者の誰もが、典型的な中毒の初期症状を見つけ早期治療を行うことを目的とした当時の特殊健康診断が、作業環境改善の進んだ現状にそぐわなくなっていることには異論がなかった。多くの議論がなされたが、時代に即応した健康診断を行うべきであるということと、生物学的モニタリングが広く行われるようになれば、多くのデータが得られ、それらを解析することは、将来の労働衛生管理に必ず有益であろうとの結論に達し、上述のとおり中央労働基準審議会の答申を得て省令改正がなされた。生物学的モニタリングは、その後、適法に実施され、今では労働衛生管理の重要な部分を受け持っている。

5　作業環境測定結果の評価と作業環境改善

一九七五（昭和五十）年に作業環境測定法が制定され、作業環境測定士、作業環境測定機関の制度が導入され、一定の作業場（指定作業場）の作業環境測定は、作業環境測定士という国家資格を有するものでなければ作業環境測定の業務を行えなくなった（第九章２(3)参照）。その作業環境測定士となるには、高度な国家試験に合格し、さらに指定講習を終了し、その上労働大臣に登録しなければならない。したがって、いうまでもなく作業環境測定士は高度の技術者であるし、作業環境測定士となるには多くの経費もかかることになる。

そのような高度の技術を有する作業環境測定士（測定者の技術の担保）が労働大臣の定める作業環境測定基準（測定手法の統一）に従って測定を行うこととされたわけであるから、作業環境測定は、いつ、どこで、誰が実施しても同じ結果が得られることが期待されることになる。つまり、作業環境測定の精度が向上したことになる。次は、その作業環境測定結果をどのように評価して労働衛生管理に活用するかということである。

(1)　「一次報告書」の公表——一九七九（昭和五四）年——

労働省では、作業環境測定の重要性に着目して、一九七一（昭和四六）年の特定化学物質等障害予防規則の制定以来、同規則で規制されている物質の作業環境測定手法を検討するための「作業環境における有害物の測定法に関する研究委員会」（第六章３(5)参照）、引き続いて「作業環境測定制度専門検討委員会」（第九章２(1)参照）を設けて検討を重ねてきた。作業環境測定制度専門検討委員会からの報告書は作業環境測定法制定の大きな動機となったことはすでに述べた（第九章２(3)参照）。

同委員会は、作業環境測定士制度導入の重要性とともに作業環境測定結果を如何に評価して作業環境改善に繋げるかということについて検討も行っていた。その結果、一九七九（昭和五四）年に同委員会から報告書が出された。労働省は、これを「作業環境測定結果の評価の基本的な考え方」として公表した。一般に「一次報告書」といわれているものである。

これは、作業環境測定結果の評価については、測定値の平均だけでなく、その変動の大きさも考慮すること。また、その際の指標として「管理濃度」という概念を用い、作業環境の管理状況を二つの管理水準により「作業環境管理が適切に行われていると判断できる作業場所」（第一管理区分）、「作業環境管理が不適切であって、環境改善が著しく要求される作業場所」（第三管理区分）とその中間のもの（第二管理区分）の三つに区分すること、および、それぞれの区分に応じた作業環境改善の措置を講ずべきことを内容としている。

(2)「六九通達」による行政指導の実施──一九八四（昭和五九）年──

その後、引き続き同委員会では、公表された一次報告書に対する現場からの意見を踏まえつつ、管理濃度の意義、位置付け、設定の根拠などについて検討を進め、一次報告書をさらに充実した報告書をまとめた。労働省は、その内容を基本に一九八四（昭和五九）年二月に「作業環境の評価に基づく作業環境管理要領」として行政指導することとした。その行政指導の通達番号が「基発第六九号」（基発：労働省労働基準局長が発した文書）であったため、一般に「六九通達」といわれているものである。

「六九通達」による行政指導以来、作業環境測定結果の評価、およびそれに基づく作業環境管理対策の一層の推進が図られ、大きな成果を収めてきた。

(3) 作業環境測定・その評価から一貫した作業環境管理の法制化──一九八八（昭和六三）年──

一九八八（昭和六三）年の労働安全衛生法の改正により、従来、作業環境測定結果から事業者の判断に基づいて必要な改善措置を行う旨を規定していた同法第六十五条第六項の規定に代わり（同項は削られた）、新たに第六十五条の二として「作業環境評価基準」の条文が追加された。これにより作業環境測定結果に基づく改善措置の実施の要否に関する客観的な判断基準が法的に示されたことになり、作業環境測定、結果の評価から事後措置に至る一貫した作業環境管理が法制化されたことになる。

内容としては、基本的には一九七九（昭和五四）年の「二次報告書」、一九八四（昭和五九）年の「六九通達」と異なることはないが、従来、行政指導によって実施されてきたものが法令上の規定として整備されたことの意義は大きい。

労働安全衛生法のこの規定の施行に伴って、関係省令に次の規定が設けられた。

① 作業環境測定結果を労働大臣の定める作業環境評価基準に従って第一管理区分、第二管理区分および第三管理区分に区分することにより評価を行うこと

② ①の評価の結果、㋐第三管理区分に区分された場合は、直ちに、施設、設備、作業工程または作業方法の点検を行い、その結果に基づき必要な改善措置を講じ、第二管理区分または第一管理区分となるようにすること。改善措置を講じたときは測定を行い、その結果を評価して確認すること。改善までの間は有効な保護具を使用するとともに、健

康診断の実施などの措置を採ること。また、㋑第二管理区分に区分された場合は、施設、設備、作業工程または作業方法の点検を行い、その結果に基づき必要な改善措置を講じ第一管理区分となるように努めること。

(4) 作業環境測定対象有機溶剤の増加―一九八八（昭和六三）年―

それまで有機溶剤中毒予防規則に基づく作業環境測定対象有機溶剤は測定技術の問題もあり十七種類に限定されていた。その後の測定技術の進歩により、この頃までに規制対象有機溶剤のすべてについて測定可能の状況となっていた。また、有機溶剤は混合物として利用されることが多く、すべての溶剤の濃度を測定して混合物としての評価を行わなければ測定の意義が失われかねない。

そこで、5(3)に述べた改正労働安全衛生法の施行に合わせた有機溶剤中毒予防規則の改正により、当時の第一種有機溶剤と第二種有機溶剤のすべてにあたる四十七種類の有機溶剤が測定対象とされた。この時、関係各方面から「長年の研究成果として測定対象溶剤から対象外のものを使用しても、ほぼ、同じ品質を確保することが出来るようになった矢先にその溶剤まで測定対象にするとは何事か」との猛烈な反発を受けたこともあったが、混合有機溶剤の中毒予防のためには混合物を構成する各々の溶剤の濃度を測定して総合評価しなければ意味をなさないことをご理解いただき、この規定の施行にこぎつけた。

私は、一九八八（昭和六三）年五月に改正労働安全衛生法が公布された直後の六月二日付けをもって、労働省労働基準局環境改善室長を拝命した。この時も懇意にしていた労働関係専門誌の記者さんからは「また、後始末ですな」とからかわれたこともあったが（第九章4(3)参照）、幸い室長補佐格の中央労働衛生専門官、係長その他のスタッフのすべてに極めて優秀な人材に恵まれ、行政としては目新しい統計学を応用した作業環境評価基準の制定と施行など法施行の準備を滞りなく進めることができた。確かに「作業環境測定、結果の評価から事後措置に至る一貫した作業環境管理」は、今までに法令で扱ったことのないような事項が含まれていた。当時の労働省労働基準局長から「環境改善室は最新の行政。労働省の中でもロカリズム（対数）を使う行政はここだけ。国民に分かりやすく説明するのが君たちの役目」と言われたことを覚えている。

第十二章　リスクアセスメントの実施とリスク低減対策

二度のオイルショック（一九七四（昭和四九）年と一九七八（昭和五三）年）を克服したわが国経済は、その後の数年間、経済成長率も四％程度という安定期であった。ところが一九八六（昭和六一）年ころから土地・株などが急騰、一九八八（昭和六三）年には土地、株式の時価評価額の増加分が国民総生産（GNP）の一・三五倍にもなる、世にいう「バブル景気」が出現した。これを機にその後のわが国経済はそれまでに予想もつかなかった激動の時代に入ることとなった。

「バブル景気」の語源は一九二〇年春から秋にかけて英国で起こった「South Sea Bubble」（「南海泡沫事件」と訳されている）といわれており、常道を逸した投機ブームによる株価の急騰と暴落、それに続く経済の大混乱を指す。当時の英国では、貴族・資産家（ブルジョアジー）・庶民を問わず株についての十分な知識もない人々がこぞって投資熱にのぼせ、空前絶後の投資ブームが起こった。南海会社の株価はわずか数カ月のうちに十倍にも達したが、その後の数カ月で元の株価に戻り、多くの破産者や自殺者が出たという。

一九八九（昭和六四）年一月七日に昭和天皇が崩御され、元号は「平成」となった。このころから次第にバブル景気といわれた経済にかげりが見え、一九九〇（平成二）年には株価が、続く九一（平成三）年には地価が急落し、さらに九二（平成四）年には第一次オイルショック（一九七四（昭和四九）年）以来のマイナス成長を記録するなど、バブルは一気に崩壊、深刻な不況期に入ることとなった。こうした中でわが国企業は従来の日本的経営システムから生産体制を含めた企業のあり方の総見直しを迫られることとなった。働く人々の生命の安全と健康の確保を求める労働災害防止対策は、いかなる社会の情勢においてもおろそかにされるものではないことは言うまでもないが、社会構造・就業構造の変化により、否応なしに新しい労働安全衛生管理が求められることとなった。

1　社会構造、就業構造の変化と労働衛生

(1)　高齢化社会のさらなる進展

わが国の経済成長は、国民の生活水準を向上させ結果的には日本人の平均寿命を延ばすことに貢献したといえる。欧米先進諸国では「高齢化社会」といわれる高齢人口が七％から十四％を通過するのに約百年かかっているが、わが国の場合、この期間が二十六年であ

ったという。わが国は一九九七（平成九）年に「少子社会」となり、その後も高齢者の割合は増え続けている。これらの増加する高齢労働者に対する労働衛生対策は、以前から採られてきてはいるが、さらなる充実が求められるようになった。

(2) 女性の職場進出の増加

人口の高齢化とともにクローズアップされてきたのは女性のさまざまな職種への進出である。一九八六（昭和六一）年の男女雇用機会均等法の制定を機に、それまで男性の職場と考えられていた分野への進出も目立っている。この時の雇用者の中に占める女性の割合は四十％を超えた。また、家庭の主婦層を中心とした「パートタイム労働者」といわれる短時間雇用者も増加し、一九九三（平成五）年には全雇用労働者に占める割合が十八・二％に達し、その後も増加の一途を辿っている。このことは、今まで女性に比べて一般に体力の勝る男性が従事していた作業を女性が行うことも多くなったことであり、それらの職場環境を女性にも適応するようにすることが要請されるようになった。

(3)　技術革新と労働態様の変化

産業技術のさらなる進展に伴って、今まで考えられなかったような新原材料の導入や産業用ロボットに代表される職場のＭＥ化、パソコンの普及による大量の情報処理等、職場は急速に、かつ、大きくその姿を変えてきた。従来は「重筋労働」が厳しい労働、きつい労働の代名詞であったが、職場のオートメーション化、クレーン、フォークリフト等運搬機器の導入によって重筋労働は少なくなった代わりに、情報機器作業や高度の緊張を伴う監視業務などストレスの多くかかる職場が多くなってきた。現在でもほぼ同様な調査結果が報告されているが、当時の調査では六十％以上の労働者が日常の労働により強いストレスを感ずると報告されている。今や職場におけるストレスやメンタルヘルス対策も労働衛生の重要課題として捉えられるようになった。

(4)　経済のグローバル化

「経済のグローバル化」とは、資本や労働力の国境を越えた移動が活発化するとともに、貿易を通じた商品・サービスの取引や、海外への投資が増大することによって世界における経済的な結びつきが深まることをいう。わが国経済のグローバル化は一九九〇（平成二）

年以降、為替レートの円高基調、貿易・投資面での東アジアの重要性の高まりなどとともに加速してきた。この経済のグローバル化に伴いわが国企業の海外進出が盛んになると同時に外国人労働者の国内企業への雇用も増大した。この変化が労働安全衛生の分野でも大きな変革を来たしたことはいうまでもない。

(5)　安全衛生技術の継承と災害未体験時代

労働災害は、一九九〇年代には死傷者数、死亡者数ともに最悪を記録した一九六一（昭和三六）年に比べ三分の一以下になっている。その二十年前の一九七〇年代と比べても半減している。このことは極めて喜ばしいことであるが、一方で、この労働災害減少が安全衛生管理に新たな課題を投げかけている。

少々奇異に感じられる方もあろうが、当時「中小企業において安全衛生意識の低いのは『災害未体験』によることが多い」といわれてきた。多くの方は「中小企業の方が大企業より労働災害の発生が多いはずだが？」とお考えのことと思う。確かに中小企業の労働災害発生率は大企業に比べて高い。しかし、労働災害発生率が高いといっても、それは確率の問題であって、個々の企業で見ると中小企業では労働者数が少ないため、何年間も「労働災害ゼロ」というところも珍しくはない。中には創業以来無災害という企業も少なくない。それらの企業では労働災害の「怖さ」「悲惨さ」を体験することがない（災害未体験）ため安全衛生意識が低いといわれるものである。それらの企業の多くは、職場に潜在的な危険はあったが幸いにして災害に至らなかった、ということであろう。潜在的な危険がある限り、時として大きな災害が発生しており、それが労働者数の関係で確率の上では大企業に比べて災害発生率が高いということになる。

一方、大企業では労働災害発生率が中小企業に比べて低いといっても労働者数が多いため、災害の多かった時代には一年に一件や二件の重大災害が発生していた。それらの労働災害を目のあたりにした労働者は強烈に安全衛生意識を持ったであろう。ところが災害の減少した最近では、大企業でも何年間も無災害というところも珍しくない。そのため大企業においても「災害未体験」による意識の低下が危惧されるようになった。

さらに労働災害が多く発生していた頃に安全衛生管理を担当して、身をもって労働災害の悲惨さを体験した者が定年によって企業を去った後の安全衛生管理技術の継承が、必ずしもスムーズに行われていないという指摘もある。

2　快適職場づくり――一九九二（平成四）年――

新型コロナウイルスの蔓延により、感染拡大防止のため通勤電車でも窓を少々開けて換気をするのは常識となったので、それ以前の満員の通勤電車に揺られていた際のことであるが、乗客の一人が、突然、窓を開けた。その途端、他の乗客の一人が「なぜ窓を開ける？寒いではないか！」と怒鳴った。今にも摑みかからんばかりの怒りようであった。その場は窓を開けた乗客が「失礼」と言って窓を閉めたため何事も起こらなかったが、この場合、一人は「暑い、または息苦しい」と感じ、他の一人は「寒い」と感じた。「快適」の感じ方は個々の人によって大幅に異なるということであろう。

さて、従来の安全衛生対策の基本は「最低基準の順守」といわれ、労働衛生については「職業病予防」、すなわち「病気にかからない」ことであった。しかし、わが国経済の進展とともに働く人々の労働環境に関する要求が大きく変わってきた。その背景は、①技術革新による労働態様の変化に伴う労働者のストレスの増加、②労働力人口の高齢化と女性の職場進出、さらには③平成年代初頭のバブル崩壊以降、わが国経済は低迷してきたとはいえ、経済的豊かさがある程度実現したため、働く人々の意識が物質的な豊かさから心の豊かさに移ってきたことなどによる社会の要請の変化があげられる。

これらの要請に応えるため、すべての労働者にとって仕事による疲労やストレスを感じることの少ない働きやすい職場を実現していくことが、企業にとっても重要な課題となってきた。そこで一九九二（平成四）年五月に労働安全衛生法が改正され「快適職場つくり」に関する章（第七章の二）が加えられた。それに伴って同年七月に「事業者が講ずべき快適な職場環境の形成のための措置に関する指針」（快適職場指針）が公表された。同時に国からの委託業務として中災防に「中央快適職場推進センター」が設けられた。私は同センターが設置されてから九カ月経った一九九三（平成五）年四月から二年間、同センター所長を拝命した。

私が同センター所長に赴任してしばらくの間は、労働安全衛生法の期待する「快適とは何か」ということが議論の的であった。「快適」を客観的に表す指標（基準）を示すことが出来れば問題ないが、当初、そのような基準があるはずがなく、また、客観的な基準を表すことは極めて困難といわざるをえなかった。そこで何らかの形で客観的な目安を示すことは出来ないだろうかと専門家の意見を聞くとともに、当面は「快適とは、現在の職場に比べて少しでも働きやすくすること」として快適職場指針の普及を図ることとした。これに対して国の内外から「偉そうに『快適職場』などといっているが、開発途上国の『ローコスト・インプルーブメント』（出来るだけ安いコストで行う職場改善）とどこが違うか？」と揶揄されたものである。それに対して『快適』の基準がはっきりしない以上、基本的には同じかもしれないが、わが国の職場環境は、すでに職業病予防の観点からは相当の対策が採られている。そのレベルからの快適化であるから開発途上国の職業病予防を目的とした改善とはレベルが違う」と弁解していたものである。

すでに廃止となった制度であるが、「快適職場づくり」の一環として、一九九二（平成四）年の改正労働安全衛生法の施行時からしばらくの間、「快適職場推進計画認定」制度があった。事業者が快適職場指針に沿って快適職場推進計画を作成し、都道府県快適職場推進センターを経由して都道府県労働基準局に提出すると、都道府県労働基準局ではその計画について審査の上、同指針の内容に適合していると認められれば認定証を交付するというものである。この制度の発足当初は「何が快適か」ということに混乱をきたしていたため、少々の職場改善が認定を受けるに値するかということに躊躇している事業者が多く認定申請は極めて少ない状態であった。その後、認定を受けようとする事業者が徐々に増加して一時期には年に二千五百件近い認定申請が行われていたことを見ても、「快適職場づくり」は広く企業・事業場へ浸透したことが分かる。

3　職場における喫煙対策

(1)　世界禁煙デー（一九八八（昭和六三）年）と快適職場指針——一九九二（平成四）年——

世界保健機関（ＷＨＯ）は、一九八八（昭和六三）年五月三一日を「世界禁煙デー」に定めた。当時のわが国では喫煙問題は、それほど関心の高い問題ではなかったと思われる。それでもその四年後の一九九二（平成四）年に公表された「快適職場指針」では、その「作業環境の管理」の中の「空気環境」の項において「喫煙問題」を取り上げている。

ＷＨＯの世界禁煙デー、快適職場指針での喫煙対策、国民の健康への関心の高まりなどもあって、職場における喫煙対策については、私が中央快適職場推進センター所長を拝命した一九九三（平成五）年ころから徐々に問題提起されてきた。

(2)　快適職場づくりとしての喫煙対策のガイドライン——一九九六（平成八）年二月——

この問題を重視した労働省と中央快適職場推進センターは、専門家の意見を聴き、一九九六（平成八）年二月に「職場における喫煙対策のためのガイドライン」を公表した。その後、喫煙による健康への影響に関する社会的関心が高まる中で、環境中のたばこの煙を吸入すること（受動喫煙）による非喫煙者の健康への影響が報告され、また、非喫煙者に対して不快感、ストレス等も与えていることが指摘されて職場における労働者の健康の確保や快適職場環境形成の観点から受動喫煙を防止するため一層の労働衛生上の対策が求められてきた。

さらに、二〇〇二（平成十四）年には「国民栄養法」に代わって「健康増進法」が制定され、事務所その他多数の者が利用する施設を管理する者に対し、受動喫煙防止対策を講ずることが努力義務化された。これら健康増進法に受動喫煙防止対策の規定が設けられたことを背景に労働者の健康確保と快適な職場環境の形成を図る観点から、受動喫煙防止対策の充実を図るため、二〇〇三（平成十五）年五月に従来のガイドライン（一九九六年のガイドライン）が見直された。

(3)　労働安全衛生法における受動喫煙防止対策――二〇一四（平成二六）年――

その後、職場の喫煙問題は、従来の「より快適に」という観点から、「労働者の健康保持増進対策」の一環ととらえられ、「受動喫煙防止対策」ということが明確にされて、二〇一四(平成二六)年の労働安全衛生法改正では、同法第六章の「健康の保持増進のための措置」の中に新しい条文である第六十八条の二が追加されて、事業者にその防止対策の努力義務が課せられることとなった。同時に二〇〇三（平成十五）年のガイドラインも改正された。

(4) 健康増進法に基づく受動喫煙防止対策――二〇一八（平成三〇）年――

さらに「東京オリンピック二〇二〇」の開催もあって、最近のオリンピック開催国のほとんどが厳格な喫煙規制を実施しているという事情もあってか、一般公衆を対象とした健康増進法で努力義務とされていた「受動喫煙防止対策」の規定は二〇一八（平成三〇）年七月に改正されて罰則を伴った規定とされ、二〇二〇（令和二）年四月から全面施行された。労働安全衛生法に基づく受動喫煙防止対策のガイドラインもそれに合わせた改正がなされた。したがって、罰則を伴った健康増進法の受動喫煙防止対策の規定を順守すれば、結果的に労働安全衛生法第六八条の二の同法に基づく努力義務は果たしたことになろう。

4 労働衛生管理体制の整備・労働者の健康管理の充実――一九九六（平成八）年――

社会構造、就業構造の変化に伴って、ますます複雑多岐にわたってきた労働者の健康問題に的確に対応した健康管理を行うためには産業保健活動の中心的な役割を担う産業医が専門的知識を身につけて、それを活用して職務を行う必要があるとして、一九九六（平成八）年に労働安全衛生法が改正された。その改正により産業医は医師であることに加え労働者の健康管理等を行うのに必要な医学に関する知識について一定の要件を備えた者でなければならないこととされた。産業医の資格要件について、それまで人の健康問題に関しては万能と考えられていた医師資格にプラスアルファーの要件が加えられたことは画期的なことであった。それだけ労働者の健康管理が大きな課題となってきたものと考えられる。

同時に産業医が労働者の健康を確保するために必要と認めるときに事業者に対して必要な勧告を行う権限や、勧告を受けた事業者はそれを尊重しなければならないとする義務が定められるなど労働衛生管理体制の整備が図られた。

また、健康診断の結果についての医師等からの意見聴取の規定が充実されるなど労働者の健康管理の充実も図られた。同年十月には「健康診断結果に基づき事業者が講ずべき措置に関する指針」が公表された。

5　労働安全衛生マネジメントシステム

一九九〇年代のはじめ、英国をはじめ欧米諸国において、従来、品質管理や環境保護の分野において発展してきた手法、すなわち計画（Ｐｌａｎ）、実施（Ｄｏ）、チェック（Ｃｈｅｃｋ）そして改善（Ａｃｔ）という四つのアクションを繰り返す（ＰＤＣＡサイクル）ことによって継続的に改善を進めるシステムを労働安全衛生分野にも適用する動きが進んできた。これが「労働安全衛生マネジメントシステム」（ＯＳＨＭＳ）である。ＯＳＨＭＳは、今や欧米諸国のみならず、わが国はもとより全世界の労働安全衛生管理の基本となってきた。

⑴　労働安全衛生マネジメントシステムに関する指針――一九九九（平成十一）年四月――

わが国では、中災防が平成初頭頃からＯＳＨＭＳの策定に着手し、ドラフト段階での企業における試行を繰り返した後、一九九六（平成八）年六月にＯＳＨＭＳの原型となる一般の事業場に対する「安全衛生管理活動評価事業」を開始した。その後、いくつかの団体がそれぞれのＯＳＨＭＳを策定した。そうした中、一九九九（平成十一）年四月に労働省は「労働安全衛生マネジメントシステムに関する指針」（厚生労働省指針）を定めた。

⑵　災害防止団体によるＯＳＨＭＳの認証――二〇〇三（平成十五）年から――

その後、中災防は、二〇〇三（平成十五）年に厚生労働省指針に基づいて基準（ＪＩＳＨ

A基準）を策定して、企業からの申請に応じて、当該企業の安全衛生管理の仕組み（システム）が適切に構築され、かつ、日常的な安全衛生活動等を含めたＯＳＨＭＳの適切な運用が行われていることを確認し認定証を交付するという「ＪＩＳＨＡ方式適格ＯＳＨＭＳ認証」サービスを開始した。建災防も建設業者を対象に同様なサービス（ＣＯＳＭＯＳ）を行っている。

なお、ＪＩＳＨＡ基準は厚生労働省指針に基づいて策定されたものであるから同指針に沿っていることはいうまでもないが、二〇〇一（平成十三）年に公表された「ＩＬＯガイドライン」の内容にも合致している。このことは二〇〇四（平成十六）年二月に来日した当時のＩＬＯ安全衛生部長タカラ氏の講義の中でも言及されている。また、厚生労働省指針は、ＩＬＯガイドラインより二年早く策定されているが、ほぼ、同じ内容である。

ＯＳＨＭＳは、安全衛生技術の継承や災害未体験時代の問題を解決する安全衛生管理の切り札として、後に述べる第十次労働災害防止計画でも労働災害防止対策の中心に位置付けられており、当時からわが国の労働安全衛生対策の基本となっている。

(3)　ＩＳＯによる労働安全衛生マネジメントシステムの規格
―二〇一八（平成三十）年三月―

なお、その後のことになるが、国際標準化機構（ＩＳＯ）は、二〇一八年三月に懸案であった労働安全衛生マネジメントシステムの規格であるＩＳＯ４５００１を発行した。わが国では、ＩＳＯの労働安全衛生マネジメントシステムの発行に合わせて、同年九月に日本産業規格（ＪＩＳ）からＩＳＯ４５００１のほとんど翻訳版であるＪＩＳ Ｑ ４５００１および同規格にわが国の労働安全衛生管理の慣行を加味したＪＩＳ Ｑ ４５１００が発行された。また、労働安全衛生規則の規定に基づいて告示されている「労働安全衛生マネジメントシステムの指針」（平成十一年労働省告示第五十三号）の改正が、ＩＳＯ４５００１の趣旨に合わせて二〇一九（令和元）年七月に行われた。

６　事業場におけるメンタルヘルス対策―二〇〇〇（平成十二）年八月―

職場生活等において強い不安やストレスを感じる労働者が六十％を超え（本章１・(3)参照）、さらに、業務による心理的負荷を原因として精神障害を発症し、あるいは自殺にいたる事案が増加するなど、メンタルヘルス対策に関する一層の取組みが重要な課題となってきた。このため厚生労働省では事業場において事業者がメンタルヘルス対策を進める上で実施することが望まれる事項について「事業場における労働者の心の健康づくりのための指針」、いわゆる「メンタルヘルス指針」を二〇〇〇（平成十二）年八月に示し、その定着を図ることとした。

また、トータル・ヘルスプロモーション・プラン（THP）は、従来から展開されていたシルバー・ヘルス・プラン（SHP）を充実して、一九八八（昭和六三）年九月に「健康保持増進のための指針」が公示され、労働衛生対策の最重点の一つとされてきたが、一九九七（平成九）年二月に指針の抜本的改正が行われメンタルヘルス対策がさらに充実された。

さらに、メンタルヘルス対策、すなわち「労働者の心の健康の問題」は、前述のように「事業場における労働者の健康保持増進のための指針」の中で対策の充実は図られてきたが、その後もますます深刻な社会問題となり、二〇〇六（平成十八）年には「事業場における労働者の健康保持増進のための指針」とは別に「労働者の心の健康の保持増進のための指針」が公表されている。その後も現在に至るまで労働衛生の最重点の課題とされていることは周知のとおりである

7　化学物質管理

化学物質は産業の発展や豊かな生活の実現のために大きく貢献しており、現代の社会生活に欠くことのできないものである。しかし、他方、その危険性・有害性は常に問題とされてきたし、悲惨な中毒障害も多く報告されている。

今までにも、しばしば取り上げてきたとおり、わが国でも古くから化学物質による中毒・障害予防対策がとられてきた。それにもかかわらず、現在でも、毎年相当数の労働者の健康障害が発生している。

なお、化学物質管理に関する動向は大きく変化しようとしている。二〇二一（令和三）年七月に、厚生労働省に設けられた「職場における化学物質等の管理のあり方に関する検討会」から、今後の化学物質管理に関する基本的な考え方を示す報告がなされた。この報告書によれば、労働者のばく露防止対策等を定めた化学物質規制体系を根本的に変える画期的なものである。このことに関しては次の終章において述べることとする。

(1)　化学物質を取り巻く国際的動向

国際的には、米国、ＥＵ諸国等において化学物質等安全データシート（ＭＳＤＳ、現・Ｓ

DS）等の制度が定着しており、一九九〇（平成二）年に国際労働機関（ILO）は「職場における化学物質の使用の安全に関する条約」（化学物質条約）を採択するなど、化学物質管理の重要性が認識されていた。さらに、二〇〇三（平成十五）年には「化学品の分類及び表示に関する世界調和システム（GHS）国連勧告」が採択され、個々の物質ごとに危険・有害性の程度を区分して、その程度に応じた「絵での表示」を行うこととされた。この化学物質管理に関する世界の流れに従った労働安全衛生法の改正は二〇〇四（平成十六）年に行われている。

(2)　有害性通知制度・化学物質指針――二〇〇〇（平成十二）年――

わが国では二〇〇〇（平成十二）年に労働安全衛生法が改正され「化学物質等の有害性等の情報の通知」制度が設けられた。また、同年「化学物質等による労働者の健康障害を防止するため必要な措置に関する指針」（化学物質指針）が公表され、①化学物質管理計画の策定、②有害性等の特定及びリスクアセスメント、③ばく露を低減するための措置、労働衛生教育の実施、④監査の実施、などを内容とした対策が進められている。

(3) 化学物質管理支援事業

化学物質による労働災害を防止するためには、取り扱われる化学物質の有害性等の情報が労働現場において確実に伝達され、適切に管理が行われなくてはならない。そのため①化学物質管理啓発事業、②人材養成支援事業、③MSDS（現・SDS）普及事業を柱とした「化学物質管理支援事業」が実施され、この一環として中災防に化学物質管理支援センターが開設されていた。

(4) 日本バイオアッセイ研究センターの成果

一九八七（昭和六二）年に開所した日本バイオアッセイ研究センター（第十章4参照）は、国から委託を受けて哺乳動物を用いた長期がん原性試験を実施してきた。

同センターにおいて試験された四塩化炭素、一・四－ジオキサン、一・二－ジクロルエタン、パラ－ニトロクロルベンゼン、クロロホルム、テトラクロルエタン、酢酸ビニル、一・一・一－トリクロルエタン、パラ－ジクロルベンゼン、ビフェニル、アントラセン、ジクロロメタンとN・N－ジメチルホルムアミドは、実験動物に悪性の腫瘍を発生させることが判明するなど着々と成果をあげている。これらの物質は人に対するがん原性については現在のところ確定されていないが、労働者が長期間ばく露した場合、将来、がん等の重度の健康障害を生ずる可能性も否定できず、その観点から健康障害の防止に特別の配慮が必要であるとして労働安全衛生法第二十八条第三項に基づく健康障害を防止するための指針が出されている。

(5) 化学物質管理に関するガイドライン

その他、一九九〇年代から二〇〇〇年代初めに発出された化学物質による中毒・障害を予防するための指針などの主なものを挙げれば次のものがある。

① 廃棄物焼却施設内作業におけるダイオキシン類ばく露防止対策
—二〇〇一（平成十三）年

② ガラス繊維及びロックウールの労働衛生に関する指針—一九九三（平成五）年

③ 建設業における有機溶剤中毒予防のためのガイドライン—一九九七（平成九）年

④ 建設業における一酸化炭素中毒予防のためのガイドライン—一九九八（平成十）年

⑤ 職域における室内空気中のホルムアルデヒド濃度低減のためのガイドライン
—二〇〇二（平成十四）年

⑥　ＰＣＢ廃棄物の処理作業等における安全衛生対策―二〇〇五（平成十七）年

⑦　化学物質等による眼・皮膚障害防止対策―二〇〇三（平成十五）年

8　第十次労働災害防止計画

二〇〇三（平成十五）年三月に策定された「第十次労働災害防止計画」は、サブタイトルを「職場内のリスクを低減し、すべての働く人々の安全と健康の確保を目指して」として、労働者の安全と健康を確保することは、最も重要な国民的課題の一つであり、これまでの経済発展を支え、それとともに成熟してきたわが国社会システムは、内外の激しい変化の中で、将来に向けて大きな変革を求められてきているとの認識の下に①死亡災害の撲滅、②中小企業における安全衛生の確保、③業務上の心身の負担の増大等に対応した労働衛生対策の推進、とともに④リスクを低減させる安全衛生管理手法の展開、等を基本方針としており、死亡災害の撲滅、中小企業対策とともにメンタルヘルス対策と一九九九（平成十一）年に公表された労働安全衛生マネジメントシステム（ＯＳＨＭＳ）の導入による安全衛生管理の重要性が述べられている。

9　続発した大企業での大災害―二〇〇三（平成十五）年―

わが国の労働災害の発生件数は着実に減少傾向を辿っていた。死亡災害の発生件数も一年間に八百人台となった最近とは比べものにならないが、二千人を下回ったのは新しい世紀に入った二〇〇一（平成十三）年のことであった。一年間に二千人近い労働者の尊い命が失われることは重大な問題であり、死亡災害の撲滅が第十次労働災害の目標のトップに挙げられているのは当然のことであるが、安全衛生対策の重点は、職場環境の急激な変化などに伴う業務上の心身の負担の増大等に対応した労働衛生対策の充実とともに労働災害発生件数を減少させるためには、もはや、大企業ではある程度の対策は取られてきており、今後は中小零細企業における対策の充実を図ることに重点を置くべきであるという機運になってきていた。

ところが二〇〇三（平成十五）年八月から一～二カ月の間に、わが国を代表する誰でも名を知っているような大企業の産業施設において火災、爆発事故等の重大災害が相次いで発生した。このことは関係者に大きなショックを与えたことは事実であっただろう。

それに対してわが国の災害防止を消防防災、労働安全、産業保安等の観点から所掌している総務省消防庁、厚生労働省労働基準局および経済産業省原子力安全・保安院の三省庁は、同年十月に共同して「産業事故災害防止対策推進関係省庁連絡会議」を設置して、各省庁の取組みに関する情報交換、産業界からのヒアリング等を行い、産業事故災害防止対策について検討を行った結果は同年十二月二十五日に「産業事故災害防止対策の推進について～関係省庁連絡会議中間とりまとめ～」として公表された。

同報告書では、このような重大な災害が連続して発生している背景を次のようにまとめている。

① 近年の新規採用人員の絞り込み等により、製造現場での安全確保に関する技能伝承が確実に行われなくなり、一方で事故防止対策を自らの体験等に基づき実践してきたベテラン労働者が退職の時期を迎えていること等から、安全確保に必要な知識・技能の取得レベルが相対的に低下しているおそれがあること。

② 事故が多発していた昭和四十年代からみると事故災害の発生件数が減少し、危険を直接経験することが相対的に少なくなった結果、若年労働者等を中心に、個々の従業員の危険に対する感受性が低下し、安全手順無視の事例が見られること。

③ 自動化・省力化の進展等に伴って定常作業がブラックボックス化し、製造現場の従業員が現場作業に接する機会が少なくなっており、工事等の非定常作業の熟度が落ちてい

るおそれがあること。特に、下請け業務の増加と相まって、非定常作業中の事故が多くなっていること。

④　設備の維持管理について、科学的な裏付けによらない経験則的な合理化の積み重ねにより、安全確保に係る許容範囲を逸脱し、安全性が損なわれることが懸念されること。

⑤　大規模・複雑な施設では、その位置、構造、設備等の状況から、人的手段により火災等の早期覚知、初期消火等を行うことが困難な場合が多く、災害発生時に被害が拡大する事例が散見されること。

ここに挙げられた問題点は、すでに一九九九（平成十一）年に当時の労働省が「労働安全衛生マネジメントシステムの指針」を策定し、公表したときに、これからの労働安全衛生管理にあたって危惧される事項として挙げ、労働安全衛生マネジメントシステムの導入の必要性が強調されていたものが、現実問題として顕在化したともとれる。

10　二〇〇五（平成十七）年の労働安全衛生法の大改正

わが国を代表する大企業においてさえ爆発・火災等の重大災害が頻発しており、危険性・有害性の調査とそれに基づく対策の不備等が指摘されていることから、これらに対応した安全衛生管理の仕組みを導入することが求められていた。また、過労死について労災の認定件数が高水準で推移するなど、過重労働による健康障害や過労自殺が多発し、人命尊重の観点から効果的な措置を講じることが求められてきたことから二〇〇五（平成十七）年に労働安全衛生法に次のような大改正が行われた。

① 危険性・有害性の低減に向けた事業者の措置の充実

――リスクアセスメントの実施とリスク低減措置――

特筆すべきことは、二〇〇五（平成十七）年の安衛法改正により、危険性・有害性に係る調査、すなわち「リスクアセスメント」の実施とその結果に基づくリスク低減措置が事業者の努力義務とされたことである（施行は二〇〇六（平成十八）年四月一日）。具体的には化学物質に係るリスクアセスメントはすべての業種の事業者に課せられた努力義務であり、その他の事項のリスクアセスメントは、常時五十人以上の労働者を使用する事業場において安全管理者の選任義務のある業種（業種であって、事業場の規模ではない）の事業者には、その規模に関係なく努力義務とされた。しかし、法令上の努力義務が課せられている業種の如何を問わず、例えば「職場における腰痛予防対策指針」（平成二五年六月十八日付け基発〇六一八第一号）等に見られるように、すべての産業において広くリスクアセスメントの実施とその結果に基づくリスク低減措置の実施が求められているようになったのは事実であろう。

なお、化学物質のリスクアセスメントに関しては、次の労働安全衛生法の大改正（二〇一四（平成二六）年）により、安衛法第五十七条の二による通知対象物を製造し、又は使用する事業者の義務とされている。

② 危険・有害な化学物質に関する表示等及び文書の交付等の制度の充実

化学物質の安全な取扱いに関して、国際的には二〇〇三年に、人の健康確保の強化等を目的に、化学物質の危険有害性を、引火性、発がん性等の約三十項目に分類した上で、危険有害性の程度等に応じてどくろ、炎等の標章を付すこと、取扱上の注意事項等を記載した文書（安全データシート（ＳＤＳ））を作成・交付すること等を内容とする「化学品の分類及び表示に関する世界調和システム（ＧＨＳ）」が、国際連合から勧告として公表された。

従来、安衛法第五章第二節は「有害物に関する規制」とされており、人の健康影響を対象としていたが、これらの国際的な情勢を踏まえて、第二節は「危険物及び有害物に関する規制」と改められて、有害性のみならず、危険性をも対象とされるとともに、その表示内容等についてもGHSに定められた標章を導入するなど、同勧告と整合するよう安衛法第五十七条の表示等および第五十七条の二の文書の交付等の規定の改正が行われた。

③ 化学物質等を製造し、または取り扱う設備の改造等の仕事の注文者の講ずべき措置

設備の改造・修理・清掃の仕事の外注化が進展する中で、爆発・火災のおそれのある危険物を製造または取り扱う設備とその附属設備である「化学設備」及び大量漏えいによる障害のおそれのある特定化学物質の第三類物質等を製造または取り扱う設備とその附属設備である「特定化学設備」の改造・修理・清掃の仕事について、その仕事を発注する者が請負人に対して必要な情報を提供する制度が設けられた（なお、二〇二三（令和五）年四月からは安衛法第五十七条の二の通知対象物を製造または取り扱う設備とその附属設備に拡大される）。

④ 製造業の元方事業者に関する規制

従来、建設業および造船業の元方事業者に関する種々の規制がなされていたが、製造業においても業務請負の形態の増加に対応するため、元方事業者による作業間の連絡調整の規定が設けられた。

⑤　過重労働・メンタルヘルス対策の充実
　一定時間を超える時間外労働等を行った労働者を対象とした医師による面接指導等の制度が設けられた。

　なお、二〇〇五（平成十七）年の労働安全衛生法の改正により設けられたリスクアセスメントの実施とリスク低減対策は、一九九九（平成十一）年に公表された労働安全衛生マネジメントシステムとともにその後の労働安全衛生管理の基本となった。

11　石綿障害予防規則の制定―二〇〇五（平成十七）年―

二〇〇五（平成十七）年六月三十日、「大手機械メーカー「クボタ」（本社・大阪市浪速区）は二十九日、アスベストを材料とするパイプや住宅建材の製造工場で働いていた社員や退職者、請負会社従業員の間で、がんの一種『中皮腫』などアスベストが原因とみられる疾病の患者が多数発生し、一九七八～二〇〇四年に計七十九人が死亡、現在療養中の退職者も十八人いると発表した。また、工場周辺に住んでいて中皮腫を発症した一般住民三人に対して見舞金を支払うことを決めた」旨の報道がなされた。その後、この問題は「アスベスト禍」ともいうべき大きな社会問題と化したことは周知のとおりである。

アスベストの発がん性については、一九七二（昭和四七）年十月に国際がん研究機関（IARC）のシンポジウムを契機に世界的に認識されたといえる（第九章3参照）。これを大きな問題と捉えた労働省は一九七五（昭和五十）年に特定化学物質等障害予防規則を改正してアスベストを発がん性の面から規制した。また、一九九五（平成七）年の阪神・淡路大震災の折、倒壊した建物の片付け中にアスベストが飛散しているとして大問題となったことも記憶に新しい。その後、二〇〇四（平成十六）年十月に労働安全衛生法施行令が改正され、アスベストを含有する建材や摩擦材、接着剤の製造等が禁止された。さらに二〇〇五（平成十七）年二月、アスベスト（法令では「石綿」）を特定化学物質等から独立させた「石綿障害予防規則」が制定され、規制の充実が図られた。

その後、二〇〇六（平成十八）年九月一日からは、石綿を〇・一％を超えて含有する物のうち、ガスケット、グランドパッキン等の一部の代替化が困難なものを除き、全面的に禁止された。二〇一二（平成二四）年には、その猶予措置もなくなり全面禁止とされた。

12　東日本大震災―二〇一一（平成二三）年三月十一日―

二〇一一（平成二三）年三月十一日午後二時四十六分、三陸沖約百三十km付近、深さ二十

四㎞の場所を震源とするマグニチュード九・〇、最大震度七の「東北地方太平洋沖地震」が発生した。東北地方太平洋沖地震による災害およびこれに伴う原子力発電所事故による災害については「東日本大震災」と呼ばれている。

緊急災害対策本部資料から公表されている資料によれば、二〇二一（令和三）年三月九日時点の人的損失は、死者一万九千七百四十七人、行方不明者二千五百五十六人、負傷者六千二百四十二人もの人が被災し、建物の被害は、全壊十二万二千五棟、半壊二十八万三千百五十六棟、一部破損七十四万九千七百三十二棟という膨大な被害が生じた。

さらに、地震とそれに伴う津波により、東京電力の福島第一原子力発電所では、原子炉内にあった核燃料のほぼ全量が溶融しており、その後困難な廃炉作業が続けられていることは周知のとおりである。また、原子力発電所事故により放射性物質が漏れだしたため、付近の広範囲の地域が住民の住めない「避難指示区域」に指定された。事故から十年以上経過した今なお、いくらかの避難指定地域が存在する。こうした地域では、放射性物質による汚染を取り除くための活動、すなわち「除染作業」が行われてきたし、今も続けられている。この「除染作業」が適正に行われるように「東日本大震災により生じた放射性物質により汚染された土壌等を除染するための業務等に係る電離放射線障害防止規則」（平成二三年厚生労働省令第一五二号)、通称「除染電離則」が制定された。

13　第十一次〜第十二次労働災害防止計画

二〇〇八(平成二十)年度を初年度とする第十一次労働災害防止計画では、第十次計画に続いて、①二〇〇六(平成十八)年四月から安衛法第二十八条の二により努力義務とされたリスクアセスメントの実施とその結果に基づくリスク低減措置の確実な実施と労働力の高齢化もあって順次増加してきた一般定期健康診断における有所見率の低減を最重点にあげ、さらに従来からの課題である機械災害の防止、墜落転落災害の防止、じん肺有所見者数の減少、化学物質による健康障害の防止、健康診断の推進、メンタルヘルス対策の推進をあげている。

また、第十二次労働災害防止計画(二〇一三(平成二五)年度〜二〇一七(平成二九)年度)では、「誰もが安心して健康に働くことができる社会を実現するため『働くことで生命が脅かされたり、健康が損なわれるようなことは、本来あってはならない』。全ての関係者(国、労働災害防止団体、労働者を雇用する事業者、作業を行う労働者、仕事を発注する発注者、仕事によって生み出される製品やサービスを利用する消費者など)が、この意識を共有し、安全や健康のためのコストは必要不可欠であることを正しく理解し、それぞれが責任ある行動を取ることにより、「誰もが安心して健康に働くことができる社会」を目指す。」として、計画の全体目標には、従来どおりの死亡者数および死傷者数の減少率を①平成二九年までに、労働災害による死亡者数を平成二四年に比べ十五％以上減少させる、②平成二九年までに、労働災害による死傷者数（休業四日以上）を平成二四年に比べ十五％以上減少させることを目標にして、その目標を達成するために六つの重点施策をあげている。

【六つの重点施策】

① 労働災害、業務上疾病発生状況の変化に合わせた対策の重点化
② 行政、労働災害防止団体、業界団体等の連携・協働による労働災害防止の取組み
③ 社会、企業、労働者の安全・健康に対する意識改革の促進
④ 科学的根拠、国際動向を踏まえた施策推進
⑤ 発注者、製造者、施設等の管理者による取組強化
⑥ 東日本大震災、東京電力福島第一原子力発電所事故を受けた対応

14　多様な発散防止抑制措置の導入―二〇一四（平成二六）年―

二〇一四（平成二六）年七月に有機溶剤中毒予防規則、特定化学物質障害予防規則および鉛中毒予防規則の改正が行われ、原則として発散源を密閉する設備、局所排気装置またはプッシュプル型換気装置の設置が義務付けられていた作業場所に、所轄労働基準監督署長の許可を受ければ作業環境測定の結果の評価を第一管理区分に維持できるものであれば、どのような対策（多様な発散防止抑制措置）でも適法とされた。

作業環境測定の結果の評価を第一管理区分に維持できるものであれば、どのような対策でも構わないということは、一九七五（昭和五十）年に作業環境測定法が施行されて以来の懸案事項であって、所轄労働基準監督署長の認定によることとはされているが、作業環境測定制度の意義から考えて大きな前進であると考えられる。作業環境測定法の施行、一九八八（昭和六三）年の作業環境評価基準による作業環境管理状況の評価制度の施行に当たった者として、ようやくここまで来たかとの感慨深いものがある。

15　二〇一六（平成二八）年の労働安全衛生法の改正

その後、第十一次労働災害防止計画に織り込まれた目標の達成および目標の的確な遂行のために二〇一三（平成二五）年および二〇一五（平成二七）年の二度にわたる労働政策審議会から厚生労働大臣に行われた建議をもとに、二〇一六（平成二八）年に労働安全衛生法の大きな改正が行われた。

①　化学物質管理のあり方の見直し

二〇〇六（平成十八）年四月の労働安全衛生法第二十八条の二の施行から努力義務とされていた化学物質のリスクアセスメントのうち、通知対象物に係るリスクアセスメントの実施は、事業者の義務とされた。

②　ストレスチェック制度の創設

事業者にストレスチェック実施が義務付けられた。事業者は、ストレスチェックの結果を通知された労働者の希望に応じて医師による面接指導を実施し、その結果、医師の意見を聴いた上で、必要な場合には、適切な就業上の措置を講じなければならないこととされた。

③　受動喫煙防止対策の推進

本章3に述べたとおり、職場での喫煙の課題は、従来の快適職場づくりの一環から、労働者の健康問題として「受動喫煙防止」を捉え、事業者および事業場の実情に応じ適切な措置を講ずることが努力義務とされた。

④ 重大な労働災害を繰り返す企業への対応

従来から都道府県労働局長が、安全衛生管理に問題のある事業場に対して「安全衛生改善計画」作成の命令を行う制度はあったが、当該制度は事業場単位であった。そこで全国規模の大企業で企業全体で安全衛生管理に問題のあるような企業に対して、厚生労働大臣が企業単位での「安全衛生改善計画」の作成を命じることができる制度が創設された。計画作成指示などに従わない企業に対しては厚生労働大臣が勧告すること、それにも従わない企業については、名称を公表する制度も併せ創設された。

⑤ 外国に立地する検査機関などへの対応

ボイラーなど特に危険性が高い機械を製造などする際の検査などを行う機関のうち、外国に立地するものについても登録を受けられることとされた。

⑥ 規制・届出の見直しなど

建設物または機械などの新設などを行う場合の事前の計画の届出が廃止された。

電動ファン付き呼吸用保護具が型式検定・譲渡制限の対象とされた。

終章　新しい時代の労働安全衛生管理—自律的な管理の推進—

二〇一九（平成三一）年四月一日に「元号法」（昭和五四年法律第四十三号）の規定に基づいて「元号を改める政令（平成三一年政令第百四十三号）」が公布された。同政令により、同年五月一日午前〇時、「天皇の退位等に関する皇室典範特例法」（平成二九年法律第六十三号）の規定に基づいて、第百二十五代天皇が退位されて「上皇」となり、その第一皇男子である皇太子殿下が第百二十六代天皇に即位され、「平成」から「令和」と改元された。天皇の生前退位（譲位）は、江戸時代の光格天皇以来約二百二年ぶりとのこと。昭和天皇が崩御されて「平成」と改元されたときのことを思い起こすと、当時は天皇の崩御という自粛ムードが先行していたが、この度の「改元」は新しい時代となる期待を込めたお祝いムードといえるような気がした。

前章に述べたように、平成の三十年間を振り返ると、平成の世となってすぐにバブル経済ともいわれた好景気が一気にはじけ、長い間の低迷を続けるなかで、少子高齢化はますます進行し、働き方や家族・地域社会のあり方の著しい変化など経済・社会の状況は大きく変化してきた。また、先のわが国の高齢者人口がピークを迎える二〇四〇年頃を見据えると、本格的な人口減少が進む中で、担い手不足への懸念が指摘される。その一方で「人生百年」というこれまで経験したことがない長い人生を生きる時代がやってくるに違いない。今後、こうした新たな社会の状況に対応した働き方のあり方を考えていくことが必要となる。そのことは労働災害防止の分野でも例外ではない。これから否応なしにますます貴重な労働力となる高年齢の労働者が安全で健康に働ける職場環境の形成が求められる。

さて、わが国の労働災害による死亡者の数は、関係者の努力により二〇一五（平成二七）年に千人を下回り、やがて八百人台となった。この数字は最も多かった一九六一（昭和三六）年に比べると七分の一以下となったが、それでも今なお八百人以上もの労働者の尊い命が失われていることは無視できない事実である。そのための種々の労働災害防止対策は引き続き取られてきている。

二〇二二（令和四）年十月には、一九七二（昭和四七）年に労働安全衛生法が施行されてから五十周年を迎える。それまで一九四七（昭和二二）年に制定された労働基準法により進められていた労働災害防止対策が、同法が施行されて二十五年が経過し、当時の社会・経済状況にそぐわなくなったとして同法から独立した労働災害防止を目的とした単独法となった労働安全衛生法であったが、その施行から労働基準法による規制の時代の二倍もの期間を経過したことになる。もちろん、その間に様々な重要な改正が繰り返されて今日に至っているし、今後も時代に合わせた改正が行われていくだろう。特に化学物質に関する規制では、従来からの物質ごとの法令による規制から事業者の自律的な管理へと大きく転換する機運も出てきている。化学物質管理の分野以外も、今後、作業のリスクを評価し、それに基づく自律的管理が基本となってくるだろう。最近の事情については、本書の読者の皆様もよくご存じのこととであるので、ここではその辺りのことを簡単に述べるにとどめて「終章」とさせていただきたい。

1　第十三次労働災害防止計画―二〇一八（平成三十）年度～二〇二二（令和四）年度―

第十三次労働災害防止計画は、二〇一八（平成三十）年四月からの五カ年計画であるから元号が令和となった前年が始期であるが、平成から令和をとおしての国の労働災害防止の基本政策であるから、本章の最初に簡単に紹介させていただくこととする。

労働災害防止計画の第一次計画は、一九五八（昭和三三）年に国の労働災害防止の基本政策が五カ年計画として定められ、それ以降、五年ごとに第十二次計画まで六十年間が経過した。二〇一八（平成三十）年には労働災害防止計画も還暦を迎えたことになる。

第十三次労働災害防止計画では、働く人々の一人ひとりはかけがえのない存在であり、それぞれの事業場において、日々の仕事が安全で健康的なものとなるよう、不断の努力が必要であり、一人ひとりの意思や能力、そして置かれた個々の事情に応じた、多様で柔軟な働き方を選択する社会への移行が進んでいく中で、従来からある単線型のキャリアパスを前提とした働き方だけでなく、正規・非正規といった雇用形態の違いにかかわらず、副業・兼業、個人請負といった働き方においても、安全や健康が確保されなければならないことが大切であり、就業構造の変化等に対応し、高年齢労働者、非正規雇用労働者、外国人労働者、障害者である労働者の安全と健康の確保を当然のこととして受け入れていく社会を実現しなければならないとして、計画が目指す社会を「一人の被災者も出さないという基本理念の下、働く方々の一人一人がより良い将来の展望を持ち得るような社会」としている。

計画の主な目標を「令和四（二〇二二）年までに平成二九（二〇一七）年に比べて、労働災害による死亡者数を十五％以上および休業四日以上の死傷者数を五％以上減少させる」ことして、その目標を達成するために、次の「八つの重点」を定めている。

【八つの重点】

①死亡災害の撲滅を目指した対策の推進
②過労死等の防止等の労働者の健康確保対策の推進
③就業構造の変化及び働き方の多様化に対応した対策の推進
④疾病を抱える労働者の健康確保対策の推進
⑤化学物質等による健康障害防止対策の推進
⑥企業・業界単位での安全衛生の取組の強化
⑦安全衛生管理組織の強化及び人材育成の推進
⑧国民全体の安全・健康意識の高揚等

2　働き方改革関連法による労働者の健康管理の充実

前述のように長引く経済の低迷、特に実質賃金の低下、少子高齢化はますます進行し、働き方や家族・地域社会のあり方の著しい変化など経済・社会の状況は大きく変化している。二〇一七（平成二九）年三月には、政府から日本経済再生に向けて「働き方改革実行計画」が公表された。その実行計画では、最大のチャレンジは働き方改革であるとし、「働き方」は「暮らし方」そのものであり、働き方改革は、日本の企業文化、日本人のライフスタイル、日本の働くということに対する考え方そのものに手を付けていく改革であり、多くの人が、働き方改革を進めていくことは、人々のワーク・ライフ・バランスにとっても、生産性にとっても好ましいものであり、一人ひとりの意思や能力、そして置かれた個々の事情に応じた、多様で柔軟な働き方を選択可能とする社会を追求することとし、働く人の視点に立って、労働制度の抜本改革を行い、企業文化や風土を変えようとするものであるとしている。

その「働き方改革実行計画」を実行に移すため、労働者がそれぞれの事情に応じた多様な働き方を選択できる社会を実現する「働き方改革」を総合的に推進するため、長時間労働の是正、多様で柔軟な働き方の実現、雇用形態にかかわらない公正な待遇の確保等のための措置を講ずるものとして二〇一八（平成三十）年七月に「働き方改革を推進するための関係法律の整備に関する法律」、いわゆる「働き方改革関連法」が制定された。

その内容は、全体的な課題として「働き方改革の総合的かつ継続的推進」のため、一九六六（昭和四一）年に制定された「雇用対策法」の題名を「労働政策の総合的な推進並びに労働者の雇用の安定及び職業生活の充実等に関する法律」と変更し、同法の中で、働き方改革に係る基本的な考え方を明らかにするとともに、国は、改革を総合的かつ継続的に推進するための「基本方針」を閣議決定により定めることとされた。

働き方改革関連法では、主に労働基準法による労働時間法制の大幅な改正がなされた。その場合、長時間労働を極力減少すべきことは当然であるが、多様で柔軟な働き方の実施に伴い、働く人の健康にも十分な配慮が必要であるとして、労働安全衛生法による長時間労働者に対する医師の面接指導や産業医の職務権限の拡大等の規定が強化された。

3　作業環境測定基準に「個人サンプリング方式」の導入―二〇二〇（令和二）年一月―

従来、労働安全衛生法第六十五条第一項による作業環境測定は、同条第二項による「作業環境測定基準」により、いわゆる「場の測定」であって、作業場の気中有害物質濃度の空間的および時間的な変動の平均的な状態を把握するための測定（A測定）と、発生源の近くで作業が行われる場合、A測定を補完するために、作業者のばく露が最大と考えられる場所における濃度測定（B測定）により実施することとされていた。

二〇二〇（令和二）年の作業環境測定基準の改正により、二〇二一（令和三）年四月から①管理濃度（作業環境の状態を評価するための指標）が低い特定化学物質または鉛等を製造しまたは取り扱う作業と、②有機溶剤および特別有機溶剤の取扱作業のうち塗装作業等有機溶剤等の発散源の場所が一定しないものに係る作業環境測定には、有害物を取り扱う作業を行う複数の作業者の身体にサンプラーを装着して原則全作業時間を通してサンプリング（C測定）と、発散源への近接作業等、高濃度のばく露が想定される作業を行う作業者の身体にサンプラーを装着して十五分間のサンプリング（D測定）、いわゆる「個人サンプラー方式」が追加された。

二〇二二（令和四）年現在では、従来のA測定・B測定と新しく加えられたC測定・D測定のどちらの方式でも選択可能とされているが、作業環境測定基準に個人サンプラー方式が導入された端緒が、①管理濃度の低い特定化学物質では、従来のサンプリング方法（サンプリング時間）では分析に必要な量の測定対象物を捕集することが難しい、②有機溶剤等の発散源の場所が一定しないものでは、従来のA測定の単位作業場所の設定等のデザインを的確に行うことに問題がある、と聞いているし、現行のどちらの方式も選択可能であることは試行的なものとも聞いている。したがって、それらの作業環境測定には可能な限り個人サンプラー方式で実施すべきであろう。また、近い将来は、それらの作業環境測定は個人サンプラー方式になっていくものと考えられる。

なお、作業環境測定結果の評価は、C測定・D測定の場合も、「個人サンプラーを活用した作業環境管理のための専門家検討会」の報告に提言されているとおり、基本的には従来からの「場の管理」の一環であり、従来からの作業環境評価基準により行うこととされている。

4　エイジフレンドリーガイドライン―二〇二〇（令和二）年三月―

少子高齢化社会の進展に伴って、必然的に職場に高年齢の労働者が増加することはすでに述べたところであり、高年齢の労働者数が増加すれば、労働災害による休業四日以上の死傷者数のうち、六十歳以上の労働者の占める割合が増加傾向にあることも当然であるが、労働者千人当たりの労働災害件数（千人率）をみると、男女ともに最小となる二十五～二十九歳と比べ、六十五～六十九歳では男性で約二・〇倍、女性で約四・九倍と相対的に高くなっている。

こうした中、二〇一九（令和元）年六月に閣議決定された「経済財政運営と改革の基本方針二〇一九」においては「サービス業で増加している高齢者の労働災害を防止するための取組を推進する」ことが盛り込まれた。

このような状況を踏まえ、厚生労働省において、高年齢労働者の労働災害防止を目的として、「人生百年時代に向けた高年齢労働者の安全と健康に関する有識者会議」が設けられ、高年齢労働者の就業状況、労働災害発生状況、健康・体力の状況に関する調査分析を実施するとともに、事業者および労働者に求められる事項や国、関係団体等による支援について検討が行われた。厚生労働省では、その有識者会議の報告書を踏まえ、二〇二〇（令和二）年に「高年齢労働者の安全と健康確保のためのガイドライン」（通称：エイジフレンドリーガイドライン）が策定され、高年齢の労働者が健康で安全に働ける職場の形成を目指し、事業者および労働者に求められる事項等がとりまとめられた。

エイジフレンドリーガイドラインでは、基本的には、①働く高齢者についても就業構造のサービス化、ホワイトカラー化が進展していく中で、様々な現業部門の安全衛生対策とともに、管理・事務部門の対策も重要、②経験のない異なる業種、業務に転換（キャリアチェンジ）して就労し、業務に不慣れな高齢者が多くなることに留意、③働く高齢者に特有の特徴や課題に対応していくことが重要。その際、フレイルやロコモティブシンドロームといった高齢期に現れてくる特徴も考慮が必要。その他、病気の治療と仕事の両立支援の視点を取り入れることも必要、④働く高齢者に体力や健康状態が低下するという課題があるとしても、労働者が体力や健康の維持改善に努め、事業者が取組みを進めることで、安心して安全に働くことが可能とし、事業者および労働者に次のような対応を求めている。

(1)　事業者に求められる事項

①　全般的事項

経営トップによる方針表明・体制整備や危険源の特定等のリスクアセスメントの実施

②　職場環境の改善

身体機能の低下を補う設備・装置の導入等（主としてハード面）や働く高齢者の特性を考慮した作業管理理等（主としてソフト面）の改善

③　働く高齢者の健康や体力の状況の把握

健康診断や体力チェックの実施による働く高齢者の健康状態の把握等

④　働く高齢者の健康や体力の状況に応じた対応

高齢者個人ごとの健康や体力の状況を踏まえて状況に応じた業務の提供

⑤　安全衛生教育

経験のない業種、業務に従事する高齢者に対し、特に丁寧な教育訓練

(2)　労働者に求められる事項

自己の健康を守るための努力の重要性を理解し、自らの健康づくりに積極的に取り組む

5　建設アスベスト訴訟に関する最高裁判決―二〇二一（令和三）年五月―

建設アスベスト訴訟とは、石綿にばく露した建設業の元労働者やその遺族が、労働者が石綿肺などの健康被害を被ったのは、国が規制権限を適切に行使しなかったためであるとして、国を相手取って損害賠償訴訟が提起されたものである。それに対し、二〇二一（令和三）年五月十七日、最高裁判所第一小法廷により、四つの建設アスベスト（石綿）訴訟（横浜訴訟、東京訴訟、京都訴訟、大阪訴訟）について、一人親方を含む屋内建設作業者に対する国および建材メーカーの責任を認める判決が出された。また、同月十八日、この最高裁判決を受け、建設アスベスト（石綿）訴訟の原告団・弁護団等は、国との間で基本合意書を締結し、これにより、原告と国の間で和解が成立することになった。

この裁判でのおもな争点は、①一人親方に対する安全衛生対策、②防じんマスクの着用

の義務付け、③有害性の警告表示の義務付け、④石綿の製造・使用の禁止等、⑤集じん機付き電動工具の使用の義務付け、等であった。このうち労働者が被災した当時はともかく、現在では②の防じんマスク着用の義務付けと、④の石綿の製造・使用の禁止等の法令による措置はすでに行われているが、①の一人親方の安全衛生対策についての政省令での明示的な規定はないし、③の有害性の警告表示の義務付けについても一部不十分であると指摘されている。⑤の集じん機付き電動工具の使用の義務付けについては、最高裁の争点では明示的にはならなかったが、下級審レベルで、集じん機付き電動工具の使用を義務付けるべきではなかったかという指摘もなされている。この点、現行法令でそのような機械の使用を義務付けてはいない。なかでも、安衛法のカバーする範囲が、安衛法の定義する「労働者」の範囲を超えて一人親方までに及ぶことは大きな変更である。

この最高裁判決を受けて厚労省において順次安衛法体系の中での対応が検討されており、すでに二〇二二（令和四）年二月に改正された安衛法施行令により、安衛法第三十一条の二の規定により、請負人の労働者の労働災害を防止するため注文者が必要な措置を講じなければならない対象設備の範囲が、従来の特定化学物質の特定第二類物質と第三類物質（第三類物質等）から安衛法第五十七条の二の対象である通知対象物の製造・取扱設備にまで拡大された。この改正の目的は、一人親方を含む関係者に対する情報提供の充実であると考えられる。また、現在、事業者が労働者に対して取らなければならない措置とされている事項(例えば特定の作業を実施させる場合に設備を稼働させることとか、保護具を使用させなければならないとした措置)について、当該業務の一部を請負人に請け負わせるときは、当該請負人に対し、同様な措置が必要である旨を周知しなければならない等の法令改正も行われた。

このように施行後五十年を迎える安衛法の規制の方法は、今後、大きく変わることも考えられる。

6　職場における化学物質等の管理のあり方に関する検討会の報告書
—二〇二一(令和三)年七月—

令和三(二〇二一)年七月十九日、「職場における化学物質等の管理のあり方に関する検討会」の報告書が公表された。

この報告書の内容は、労働者のばく露防止対策等を定めた化学物質規制体系を、化学物質ごとの個別具体的な法令による規制から、①国はばく露濃度等の管理基準を定め、危険性・有害性に関する情報の伝達の仕組みを整備・拡充する、②事業者はその情報に基づいてリスクアセスメントを行い、ばく露防止のために講ずべき措置を自ら選択して実行する、という従来の化学物質規制体系を根本的に変える画期的なものである。

また、報告書では、そのための手法として次のことが必要であるとしている。

① 化学物質の自律的な管理のための実施体制の確立

化学物質を譲渡・提供する場合のラベル表示・安全データシート（ＳＤＳ）交付を義務付ける対象を、約二千九百物質まで拡充する。

また、これらの物質の製造・取扱いを行う場合、リスクアセスメントとその結果に基づく措置の実施を義務付ける。

ラベル表示等を義務付ける物質のうち、国がばく露限界値（労働者がばく露する濃度の上限値）を定める物質は、その濃度以下で管理することを義務付ける。

規制対象物質の製造または取扱いを行うすべての事業場について化学物質管理者の選任の義務付けや職長教育、雇入れ時と作業内容変更時に教育を行う対象業種を拡大する。

② 危険有害性情報の伝達強化

安全データシート（ＳＤＳ）の内容充実（推奨用途と使用制限の項目追加等）と定期的な更

新を義務付ける。

事業場内で他の容器に移し替えるときのラベル表示等を義務付ける。

③　特定化学物質障害予防規則等に基づく個別の規制の柔軟化

特定化学物質等に関する健康診断を、一定の要件を満たす場合に緩和する。

化学物質の高濃度ばく露作業環境下でのばく露防止措置を強化する。

④　がん等の遅発性疾病に関する対策の強化

がんの集団発生時の報告を義務付ける。

前述のとおり、この報告書の基本的な考え方は、労働者のばく露防止対策等を定めた化学物質規制体系を、化学物質ごとの個別具体的な法令による規制から、①国がばく露濃度等の管理基準を定め、危険性・有害性に関する情報の伝達の仕組みを整備・拡充する、②事業者はその情報に基づいてリスクアセスメントを行い、ばく露防止のために講ずべき措置を自ら選択して実行するという、いわゆる「自律的な管理」を原則とするものである。厚生労働省において、この報告書に提言された事項の実施に向けて動き出しており、従来の化学物質管理に係る法規制を根本的に変えるもので、新しい時代の労働安全衛生管理の基本となるものであろう。

7　民間の活動

本章では、おもに最近の国の労働災害防止対策について述べてきたが、わが国の労働災害発生件数が順調に減少してきたのは民間の自主的活動によるところが大きい。最近の民間のおもな動きをあげると次のようなことがあげられる。

①　労働災害防止団体の活動

労働災害防止団体法に基づく中央労働災害防止協会、業種別労働災害防止協会をはじめ、数多くの民間の労働災害防止団体は引き続き積極的な活動を続けている。

②　製造業安全対策官民協議会

二〇一七（平成二九）年三月に中央労働災害防止協会が音頭を取って、おもな製造業の事業者団体の全国組織、厚生労働省及び経済産業省による「製造業安全対策官民協議会」が設置された。

「製造業安全対策官民協議会」は、製造業における安全対策のさらなる強化を図るため、官民が連携し、経営層の参画の下、業種の垣根を超え、現下の安全に関わる事業環境の変化に対する認識を分析、共有するとともに、既存の取組みの改善策および新たに必要となる取組みを検討し、企業における現場への普及を推進することを目的としたもので、官民協力して積極的な労働災害防止活動を展開している。

③　経営と一体となった労働災害防止対策の推進

事業者の自主的活動については、労働安全衛生法の大きな柱の一つとしてあげられていること、労働契約法により事業者の安全配慮義務が規定されたこと、安全配慮義務違反に対する高額の賠償判決がでていること、建設業では災害多発事業場には公共工事の入札資格が認められないこと等がインセンティブとなって、ゼネコンの多くでは、社長の新年の挨拶でも「安全は経営の基本」との訓示が行われている等、経営と一体となった自主的な労働災害防止対策が取られるようになってきた。

④　企業における自主的安全衛生活動

民間企業では、5S活動（整理・整頓・清掃・清潔・躾）のほか、労働者参加による危険予知活動（KY）、それを教育訓練に取り入れた危険予知訓練（KYT）、ヒヤリ・ハット報告の制度など積極的なボトムアップ型の自主的な活動が行われるようになった。

8　労働組合の活動

わが国労働災害防止対策の遂行には、労働組合の活動も大きい。

わが国の労働組合のナショナルセンターである「日本労働組合総連合会」（連合）は、国の「第十二次労働災害防止計画」を受け、労働組合自ら労働安全衛生対策をさらに進めるため、「連合労働安全衛生取り組み指針（二〇一三〜二〇一七年度）」を策定し、職場での事故や労働災害の防止だけでなく、メンタルヘルス対策の強化（パワハラ・セクハラ対策、ストレスチェック実施、自殺予防対策など）、長労働時間の見直しなども盛り込んでおり、職場で直面する様々な労働安全衛生に関する課題の解決に向けて、労働組合が積極的に取り組んでいくよう呼びかけている。これに応えて、連合の構成組織をはじめ各労働組合においても同様な取組みがなされていると聞く。

国の第十三次労働災害防止計画の期間についても、それに合わせた「連合　労働安全衛生取り組み指針」（二〇一八年度〜二〇二二年度）が策定されている。

今までに見てきたように一九六〇年代には年間七千人近かった労働災害による死亡者も、最近では年間八百人台となり、年間三万人近く発生していた職業性疾病も七千〜八千人台となった。これは官民挙げて安全衛生対策をとってきたことの賜物であり、特に、事業者・労働者の安全衛生に対する意識の高まりとともに、法令の順守が進み、設備等も改善されてきたものと考えられる。しかし、今なお、年間八百人以上もの尊い命が労働災害によって失われていることを考えると、とても安全衛生対策は現状で十分といえないことは明白である。すなわち「災害はあくまでゼロを目指してさらなる工夫」をしなければならない。

私は「災害ゼロ」と聞くたびに思い出すことがある。四十年近く前のこと。私が労働省で課長補佐の頃であったと思う。ある日、先輩に連れられて（お付き）大臣レクに行ったときのことである。中央官庁で大臣に直答が許されるのは、通常、課長以上ということになる。お付きの役目は風呂敷に資料一式をくるんで持ち歩き、上司の求めに応じて、必要とするものを的確に素早く手渡すことである。したがって、私が叱られたことにはならないが・・・。一緒に行った先輩は「・・・・昨年の死亡災害件数は〇〇件でして・・・、一昨年に比べて△△件の減少です。これは率にして××％の減少です」とご進講した。それまで腕を組んで眼を瞑ってじっと聴いておられた大臣は、突然目を開け「ばかやろう！！　人が死んでいるのだぞ！　それを××％の減少とは何だ！　君！！　その死んだ人が自分であったり、家族であったり、友人であったらどうする？　そのように数字で片付けられるか！　死亡災害は『ゼロ』でならなければならんのだよ」と凄い剣幕でおっしやったことを覚えている。それからというもの大臣はスピーチの折、常に「死亡災害はゼロでなければならない」といわれていたようである。もちろん大臣も死亡災害ゼロが即座に可能でないことはお分かりのことと思うが、労働災害防止を担当するものの心構えをいわれたものと心に残る大臣のお叱りであった。

さて、わが国の従来の労働安全衛生活動はどちらかというと政府の作った法令、ガイドラインを守ることによって災害を防止するということが主流であったといえる。そして、今までのところ、そのようなやり方で大きな成果をあげてきたともいえる。しかし、今後は本章の冒頭にも述べたとおり社会構造、就業構造が急激に変化しており、今までのように政府の作った法令・ガイドラインをそのまま順守するだけではその効果は期待できないのではないかと思われる。そのための切り札が自主的・継続的に改善を進めていくシステムを構築して労働安全衛生管理を進めるＯＳＨＭＳであり、リスクアセスメントの実施及びその結果に基づくリスク低減対策を確実に実施して「危険ゼロ」の職場を作っていくことであろう。さらに化学物質管理において提言されているように、今後の労働安全衛生管理の基本は「自律的な管理」に向かっていくものと考えられる。

おわりに（謝辞）

冒頭に述べましたように、本書の大部分は十五年ほど前に（公社）日本保安用品協会の機関誌『セイフティダイジェスト』に十二回にわたって連載していただいたものをベースにしたものです。その部分がなければ本書が世に出ることはなかったと思います。そこで、まず、『セイフティダイジェスト』誌に書くことを熱心にお勧めいただき、私をその気にさせてくれた当時の（社）日本保安用品協会専務理事　鈴木偉介氏と中央労働災害防止協会常任理事技術支援部長（故）小野宏逸氏にお礼を申し上げなければなりません。

ことの起こりは、あるパーティで労働省入省以来の親友である両氏にお会いした際に、鈴木氏から同協会の機関誌『セイフティダイジェスト』に労働衛生対策の歴史のようなものを書かないかとのお勧めをいただきました。私は、歴史を書いて他人に読んでいただく柄ではないし、その上、元々資料整理の良い方ではなく、度々の引越しのため、その都度、関係の雑誌などを処分してしまっており、手元に参考になりそうな資料は皆無の状況でした。労働衛生の歴史を書くからには記憶にのみ頼るわけにもいかないし、現在市販されている法令集や参考書、さらには図書館を利用するにも限度があろうと躊躇していましたが、両氏から「長年労働衛生行政を担当してきたのだから、その体験などを入れて、なるべく読み物風に書けば書けるだろう」と強いお勧めをいただき、とにかく連載物の何回かを書くことにしました。しかし、いざ、書き始めて見るとあれもこれもということになり一回分の分量が多くなり、つい、駄文を十二回も連載することとなった次第です。

また、今般、労働安全衛生法施行五十年に当たっての出版物として、本書が日の目を見ることができたのは、中央労働災害防止協会出版事業部の五味達朗氏のお力添えによるもので、それなしには到底できなかったものです。連載風の原稿から単行本のスタイルにしていただくとか、新しく追加する部分では、とかく遅れがちの原稿を気長に待っていただき、的確なご助言をいただきました。こころから感謝いたします。

参考文献等

本書の執筆にあたり、次の書籍等（主なもの）を参考にさせていただきました。

●労働調査会編「労働安全衛生法の詳解 労働安全衛生法の逐条解説（改訂5版）」労働調査会、二〇二〇年
●労働省労働衛生課編「新版労働衛生用語辞典」中央労働災害防止協会、一九九三年
●山本茂美「あゝ野麦峠 ある製糸工女哀史」朝日新聞社、一九六八年
●細井和喜蔵「女工哀史」岩波文庫、一九五四年
●中央労働災害防止協会創立五十周年記念誌「50年のあゆみ」中央労働災害防止協会、二〇一四年
●「ゼロ災運動30周年誌」中央労働災害防止協会ゼロ災推進部、二〇〇三年
●「ゼロ災運動史」中央労働災害防止協会ゼロ災推進部、一九九三年
●鎌形剛三編著「エピソード安全衛生史」中災防新書、二〇〇一年
●三浦豊彦「労働と健康の歴史 1」（財）労働科学研究所、一九八一年
●日本保安用品協会編「労働環境の改善とその技術」日本保安用品協会、一九五八年

●「日本のじん肺対策」中央労働災害防止協会、一九九七年
●「安全の指標」中央労働災害防止協会、各年度版
●「労働衛生のしおり」中央労働災害防止協会、各年度版
●中央労働災害防止協会編「有機溶剤中毒予防規則の解説」中央労働災害防止協会、二〇二一年
●中央労働災害防止協会編「特定化学物質障害予防規則の解説」中央労働災害防止協会、二〇二〇年
●厚生労働省「職場のあんぜんサイト」https://anzeninfo.mhlw.go.jp/
●中央労働災害防止協会安全衛生情報センター「法令・通達」http://www.jaish.gr.jp/index.html
●産業事故災害防止対策推進関係省庁連絡会議「産業事故災害防止対策の推進について～関係省庁連絡会議中間とりまとめ～」二〇〇三年十二月二五日
●厚生労働省報道発表「化学物質による労働災害防止のための新たな規制について」二〇二二年五月三一日
●厚生労働省第百四十二回労働政策審議会安全衛生分科会「資料3 建設アスベスト訴訟に関する最高裁判決等を踏まえた対応について」二〇二一年十二月十三日

■著者略歴■

後藤 博俊（ごとう・ひろとし）

昭和41年名古屋工業大学卒業。同年労働省入省。山口労働基準局監督課長、労働省中央労働衛生専門官、環境庁高層大気保全対策室長、労働省環境改善室長、岐阜労働基準局長、兵庫労働基準局長などを歴任。その間、労働安全衛生法、作業環境測定法等の制定・施行の事務に参画。ILO職業安全衛生担当アドバイザー、タイ王国労働社会福祉省顧問等の海外勤務のほか、UNEP（国連環境計画）の国際会議の日本国政府代表代理、ILO（国際労働機関）第77回総会の日本国政府代表顧問（第170号条約担当）など国際的にも活躍。平成18年（社）日本労働安全衛生コンサルタント会専務理事、平成22年同会顧問。ほかに岐阜大学医学部非常勤講師、帝京平成大学客員教授、帝京大学客員教授なども務める。

主な著書に『元安全衛生行政マンが語る 災害・疾病事例と労災防止対策』（平成25年 労働新聞社）、『新装改訂版 介護労働者の安全衛生・健康管理』（平成26年 介護労働安定センター）、『労働安全衛生法クイックガイド 2022』（令和4年 第一法規）がある。

日本の労働衛生の変遷（オンデマンド版）

――いま語り継ぐ、働く人の健康を守る取組み――

令和4年7月28日　オンデマンド版発行

編　者　中央労働災害防止協会
発行者　平山　剛
発行所　中央労働災害防止協会
東京都港区芝浦3-17-12　吾妻ビル9階
〒108-0023
電話　販売　03(3452)6401
　　　編集　03(3452)6209

表紙デザイン　　ア・ロゥデザイン

乱丁・落丁本はお取り替えいたします。

ISBN978-4-8059-2057－2　C3021
中災防ホームページ　https://www.jisha.or,jp